पं. दीनदयाल जी के व्यक्तित्व को शब्दों में पिरो पाना बड़ा कठिन है। वे एक कुशल संचालक, लेखक, पत्रकार, राजनीतिज्ञ, संगठनकर्ता आदि थे। वे बहुत ही साधारण से दिखने वाले व्यक्ति थे। धोती-कुर्ता पहनते थे अर्थात् साधारण पुरुष थे लेकिन इस साधारण पुरुष में असाधारण विद्वता, महानता का पूर्ण समावेश था। उन्हें बाह्य आडम्बरों से कोई लेना-देना नहीं था। समाज का उत्थान उनका सर्वोपरि गुण था। वे कहते थे कि मनुष्य जन्म से नहीं अपितु कर्म से महान बनता है। कम बोलना, अधिक सुनना उनका विशेष गुण था।

राष्ट्रीय जीवनी माला...

पं. दीनदयाल उपाध्याय

हरीश दत्त शर्मा

फ्यूजन बुक्स

प्रकाशक : **फ्यूज़न बुक्स**
X-30 ओखला इंडस्ट्रियल एरिया, फेज-II
नई दिल्ली- 110020
फोन : 011-40712200
ई-मेल : sales@dpb.in
वेबसाइट : www.diamondbook.in
मुद्रक : रेप्रो इंडिया

Pandit Deendayal Upadhyay

By : Harish Dutt Sharma

अपनी बात

भारत वर्ष के अनेक महापुरुषों की कड़ी में से एक मनके हैं—पंडित दीनदयाल उपाध्याय। दीनदयाल जी ने स्वयं को मानव-सेवा, समाज-सेवा और देश-सेवा के लिए समर्पित कर दिया था। आज देश के सामने अनेक समस्याएँ हैं, भ्रष्टाचार बढ़ रहा है, सामाजिक दायरे सिकुड़ रहे हैं—ऐसे में उचित मार्गदर्शन के लिए पंडित दीनदयाल जैसे महापुरुषों की जीवनियाँ प्रेरणास्रोत हो सकती हैं।

पंडित दीनदयालजी सरल स्वभाव के व्यक्तित्व थे। उनकी कथनी और करनी में तनिक भी भिन्नता नहीं थी। वैसे तो पंडित दीनदयालजी के जीवन के विषय में अधिक पुस्तकें उपलब्ध नहीं हैं, लेकिन उन्होंने स्वयं जो लिखा वह उनके विचारों के रूप में हमारे लिए अमूल्य धरोहर है। उनके असामयिक अंत से राष्ट्र की बड़ी क्षति हुई, क्योंकि उनके जैसे नेता बहुत विरले ही होते हैं जो अपना जीवन राष्ट्रहित के लिए समर्पित कर देते हैं।

प्रस्तुत पुस्तक में उनके समग्र जीवन पर एक दृष्टि डाली गई है। आशा है, पाठकों को यह पुस्तक उपयोगी लगेगी।

—हरीश दत्त शर्मा

विषय-सूची

1

पं. दीनदयाल उपाध्याय : जीवन परिचय

स्वर्ण, अग्नि में तपकर कुंदन बनता है अर्थात् स्वर्ण तप कर ही उस आकार में ढलता है जिसे धारण करने से धारण करने वाले के व्यक्तित्व में चार चाँद लग जाते हैं लेकिन स्वर्ण को धारण करने योग्य बनने के लिए पहले अग्नि में तपना पड़ता है।

उसी प्रकार जितने भी महापुरुष हुए हैं, वे भी सरलता से महान नहीं हुए हैं और न ही ऐसे बने हैं कि लोग उनके आदर्शों को जीवन में उतारें। उन्होंने अपने जीवन को जिन्दगी की भट्ठी में झोंक दिया। तब वे महान व्यक्ति कहलाए और लोगों ने उनके कार्यों, उनके आदर्शों को अपनाया। अर्थात् महान त्याग करके महान बना जाता है। महानता कोई ऐसी वस्तु नहीं है जिसे बाज़ार से खरीदा जाए और महान बना जाए। इन्हीं महान पुरुषों की शृंखला में एक महान पुरुष थे– 'पं. दीनदयाल उपाध्याय।'

जन्म–

पंडित दीनदयाल उपाध्याय का जन्म आश्विन कृष्णा त्रयोदशी, सोमवार सम्वत् 1973; ईस्वी सन् के अनुसार, 25 सितम्बर, 1916 को हुआ था। इनका जन्म इनके नाना पंडित चुन्नीलाल जी के यहाँ धनकिया नामक ग्राम में हुआ था।

पारिवारिक पृष्ठभूमि–

पं. चुन्नीलाल शुक्ल राजस्थान के धनकिया नामक ग्राम में रहते थे। यह जयपुर-अजमेर रेलमार्ग पर बसा हुआ छोटा-सा ग्राम है। पं. चुन्नीलाल

इसी ग्राम के रेलवे स्टेशन पर स्टेशन मास्टर के रूप में कार्यरत थे। इनके पिता का नाम श्री भगवती प्रसाद उपाध्याय था। वे मथुरा ज़िले के फराह नामक गाँव के रहने वाले थे। वे भी स्टेशन मास्टर के रूप में कार्यरत थे। वे मथुरा में जलेसर मार्ग पर स्थित स्टेशन पर स्टेशन मास्टर थे। इनकी माता का नाम श्रीमती रामप्यारी था। वे धार्मिक प्रवृत्ति की महिला थीं। दीनदयाल जी के दादा पं. हरिराम अपने समय के प्रकांड ज्योतिषी थे।

भविष्यवाणी–

दीनदयाल जी के जन्म के कुछ दिन बाद पंडित चुन्नीलाल शुक्ल के मन में अपने नाती का भविष्य जानने की इच्छा उत्पन्न हुई। उन्होंने एक ज्योतिषाचार्य को बुलवाकर बालक का भविष्य बताने के लिए कहा।

बालक दीनदयाल के ग्रह-नक्षत्रों का गहन अध्ययन करने के बाद ज्योतिषाचार्य गंभीर स्वर में बोले–"निश्चय ही यह बालक अद्‌भुत व्यक्तित्व और तीव्र बुद्धि का स्वामी होगा। साथ ही यह बड़ा प्रतिभाशाली और विद्वान होगा। सेवा, दया और मानवता के गुण इसमें कूट-कूटकर भरे होंगे। अपनी विलक्षण प्रतिभा और विद्वता के आधार पर यह बालक युगपुरुष के रूप में उभरेगा और देश-विदेश में अतुलनीय सम्मान प्राप्त करेगा। इतिहास के पन्नों में इसका नाम स्वर्ण अक्षरों में लिखा जाएगा। किंतु . . .।"

नाती के विलक्षण गुणों, अपूर्व तेज और उज्ज्वल भविष्य के विषय में सुनकर पं. चुन्नीलाल बड़े भाव-विभोर हो रहे थे। प्रसन्नता की अधिकता से उनकी आँखें छलक रही थीं। चंद लम्हों में ही उन्होंने न जाने कितने स्वप्न देख डाले थे। लेकिन ज्योतिषाचार्य के मुख से निकला 'किंतु' शब्द उन्हें कल्पनालोक से वास्तविकता के धरातल पर ले आया और वे किसी अनिष्ट की आशंका से भयभीत हो उठे। उन्होंने ज्योतिषाचार्य से 'किंतु' का अर्थ पूछा। ज्योतिषाचार्य बोले–"यजमान! ग्रह-नक्षत्रों के अनुसार यह बालक जीवन में कभी विवाह नहीं करेगा। इसकी कुंडली में आजीवन अविवाहित रहने का योग है।"

यह बात सुनकर चुन्नीलाल जी का मन दुःख और पीड़ा से भर आया। किंतु फिर उन्होंने स्वयं को दिलासा दिया और यह

सोचकर संतोष कर लिया कि 'बड़ा होने पर समझा-बुझाकर विवाह करा देंगे।'

महापुरुष-सेवा, मानवता की रक्षा और समाज के उद्धार के लिए जन्म लेते हैं, न कि स्वयं के सुखों के लिए। दीनदयाल जी ने भी अपना सम्पूर्ण जीवन इन्हीं उद्‍देश्यों के लिए समर्पित कर, ज्योतिषाचार्य की एक-एक बात को अक्षरक्ष: सत्य सिद्ध कर दिखाया।

दीना और शिव–

पं. दीनदयाल उपाध्याय का पारिवारिक नाम 'दीना' था। बचपन में सभी उन्हें स्नेह से दीना कहकर ही पुकारते थे। दीना के जन्म के लगभग दो वर्ष बाद इनकी माता रामप्यारी ने एक और पुत्र को जन्म दिया। इस बालक का नाम 'शिवदयाल' रखा गया तथा पारिवारिक नाम दिया गया–'शिव'। इस प्रकार दीना अपने परिवार के साथ जीवन के मार्ग पर आगे बढ़ने लगा।

समय के क्रूर प्रहार–

कहते हैं कि समय बड़ा बलवान होता है। इसके प्रहारों से शक्तिशाली और तेजस्वी व्यक्ति भी बलहीन, आश्रयहीन और तेजहीन होकर नष्ट हो जाता है। केवल उसी का अस्तित्व बचता है जो इसके कठोर प्रहारों को धैर्य, त्याग और शांतभाव से सहन कर ले। इसके परिणाम स्वरूप वह व्यक्ति यश, विद्वता और सम्मान के उस शिखर पर प्रतिष्ठित होता है, जहाँ पहुँचने की केवल कल्पना ही की जा सकती है।

कुछ इसी तरह की विषम परिस्थितियाँ दीनदयाल जी के सामने भी उपस्थित हुईं। समय का पहला क्रूर प्रहार उन्हें तब झेलना पड़ा, जब वे मात्र ढाई वर्ष के थे। नवरात्रि के दिन चल रहे थे। चतुर्थी को इनके पिता पं. भगवती प्रसाद उपाध्याय किसी के घर भोजन करने गए। किंतु वहाँ काल उनकी प्रतीक्षा कर रहा था। उन्होंने जैसे ही भोजन आरंभ किया, वैसे ही मृत्यु ने उन्हें अपने आगोश में ले लिया। किसी ने उनके भोजन में विष मिला दिया था, जिससे उनकी मृत्यु हो गई।

दीनदयाल एवं शिवदयाल के सिर से पिता का साया उठ गया

और वे पितृ-प्रेम से वंचित हो गए। उनकी माता दोनों बच्चों को साथ लेकर अपने पिता के घर आ गईं और वहीं रहकर दोनों का लालन-पालन करने लगीं।

किंतु काल की क्रूर दृष्टि इनके परिवार पर पड़ चुकी थी। अतृप्त मृत्यु मुख खोलकर भोजन माँग रही थी। अंततः दीनदयाल पर एक और वज्राघात हुआ। 8 अगस्त, 1924 को इनकी माता रामप्यारी दोनों पुत्रों को छोड़कर ब्रह्म में लीन हो गईं। उस समय दीनदयाल केवल आठ वर्ष के और शिवदयाल साढ़े छह वर्ष के थे। इस प्रकार दोनों बालक बाल्यकाल में ही माता-पिता के स्नेह से वंचित होकर अनाथ हो गए थे। इनके मामा का स्नेह इन दोनों पर अधिक था, अतः अब वे दोनों मामा की छत्र-छाया में पलने लगे।

काल की क्रीड़ा का अंतिम चरण अभी शेष था। वह दीनदयाल जी के सभी सांसारिक बंधन तोड़ देना चाहता था। सन् 1934 की कार्तिक कृष्ण एकादशी (18 नवम्बर, 1934) को छोटे भाई शिवदयाल की 'निमोनिया' से मृत्यु हो गई। अब दीनदयाल जी संसार में अकेले रह गए थे। किंतु ननिहाल के लोगों ने उन्हें अकेला नहीं होने दिया और पूर्ण वात्सल्य भाव से उनका पालन-पोषण किया।

छात्र जीवन एवं शिक्षा-

दीना की माता जी के स्वर्गवास के बाद इनका पालन-पोषण इनके मामा श्री राधारमण शुक्ल ने किया। वे गंगापुर (राजस्थान) स्टेशन पर मालगार्ड के रूप में कार्यरत थे। दीनदयाल जी यहीं उनके साथ गंगापुर में रहे और उन्होंने अपनी छठीं कक्षा तक की शिक्षा यहीं पूर्ण की। सातवीं कक्षा में प्रवेश के लिए उन्हें राजस्थान के कोटा शहर में भेज दिया गया। वहाँ वे छात्रावास में रहे।

उनके चचेरे मामा श्री नारायण शुक्ल रामगढ़ में रहते थे और वे भी वहाँ स्टेशन मास्टर के पद पर कार्यरत थे, अतः जब दीनदयाल जी ने कक्षा सातवीं की परीक्षा उत्तीर्ण की तब उन्हें रायगढ़ में अपने चचेरे मामा के यहाँ आना पड़ा। यहाँ उन्होंने आठवीं कक्षा में प्रवेश लिया और यहाँ से आठवीं कक्षा उत्तीर्ण की।

आगे की शिक्षा के लिए राजस्थान के सीकर ज़िले में जाना

पड़ा। यहाँ उन्होंने 'कल्याण' हाई स्कूल में नवीं कक्षा में प्रवेश लिया। यहाँ दसवीं कक्षा में वे सर्वप्रथम आए। यह परीक्षा उन्होंने वर्ष 1935 में राजस्थान बोर्ड से उत्तीर्ण की। उनकी इस प्रतिभा के कारण विद्यालय एवं बोर्ड ने पुरस्कार स्वरूप उन्हें दो स्वर्ण पदक दिए। इतना ही नहीं सीकर के महाराजा ने भी उनकी प्रतिभा से प्रसन्न होकर उन्हें दो सौ पचास रुपये नगद पुरस्कार स्वरूप दिए एवं दस रुपए माहवार की छात्रवृत्ति स्वीकृत कर दी। आगे की शिक्षा के लिए वे पिलानी के बिड़ला कॉलेज में पहुँचे। वहाँ उन्हें छात्रावास में रहना पड़ा। यहाँ भी उन्होंने इंटर की परीक्षा में सर्वप्रथम स्थान प्राप्त किया। इस बार भी बोर्ड एवं विद्यालय की ओर से उन्हें दो स्वर्ण पदक प्रदान किए गए। साथ ही सेठ घनश्याम दास बिड़ला ने दो सौ पचास रुपए नगद पुरस्कार और बीस रुपए मासिक छात्रवृत्ति प्रदान की। उनकी लगन और मेहनत उन्हें निरंतर आगे पढ़ने के लिए प्रोत्साहित करती रही।

स्नातक की पढ़ाई के लिए दीनदयालजी कानपुर पहुँचे। यहाँ उन्होंने कानपुर के सनातन धर्म कॉलेज में बी.ए. करने के लिए प्रवेश लिया। यहाँ भी ये छात्रावास में रहे।

प्राय: वे पढ़ाई में डूबे रहते थे। जब सभी छात्र नियमानुसार छात्रावास की बत्तियाँ (लाइट) बंद कर देते थे और सो जाते थे, तब दीनदयाल जी लालटेन जलाकर अध्ययन में लगे रहते थे। तभी उनकी मेहनत रंग लाती थी। कानपुर में बी.ए. की परीक्षा में भी वे सर्वप्रथम आए। उनकी इस उत्कृष्ट प्रतिभा के फलस्वरूप कॉलेज से उन्हें तीस रुपए मासिक छात्रवृत्ति मिलने लगी। वे अपनी शिक्षा इसी छात्रवृत्ति से पूर्ण कर रहे थे।

बी.ए. की शिक्षा पूरी करने के बाद एम.ए. करने के लिए दीनदयाल जी आगरा पहुँचे। यहाँ उन्होंने अंग्रेजी विषय में अध्ययन के लिए आगरा के 'सेंट जॉन्स कॉलेज' में प्रवेश लिया। यहाँ भी उन्होंने अपनी अनूठी प्रतिभा और लगन का प्रदर्शन किया। वर्ष 1939 में एम.ए. प्रथम वर्ष की परीक्षा में वे सर्वप्रथम आए। अब एम.ए. द्वितीय वर्ष के लिए प्रवेश लिया। अध्ययन प्रारंभ किया। लेकिन यहाँ उनकी आगे की शिक्षा में व्यवधान उत्पन्न हो गई। उनके मामा श्री नारायण की पुत्री अर्थात् उनकी ममेरी बहन रामदेवी को खराब स्वास्थ्य के चलते

आगरा के अस्पताल में स्वास्थ्य लाभ के लिए लाया गया। यहाँ दीनदयाल ने अपनी ज़िम्मेदारी को पूर्ण रूप से निभाया और बहन की सेवा में लग गए। लेकिन फिर भी उनकी बहन बच न सकीं और एक दिन उनकी मृत्यु हो गई।

दीनदयाल जी दु:खी हो गए और एम.ए. द्वितीय वर्ष की परीक्षा नहीं दे सके। लेकिन उन्हें इस बात की प्रसन्नता थी कि उन्होंने अपनी बहन के प्रति पूर्ण निष्ठा से अपनी ज़िम्मेदारी का निर्वाह किया। अब उन्होंने प्रयाग के गवर्नमेंट ट्रेनिंग कॉलेज में प्रवेश लेकर एल.टी. की परीक्षा उत्तीर्ण की।

इस प्रकार पं. दीनदयाल उपाध्याय जी की शिक्षा का क्रम आगे बढ़ता गया। उन्होंने मेहनत में कोई कमी नहीं छोड़ी। जी-जान से मेहनत करते गए। बचपन से ही सिर पर पहाड़ टूटते रहे, कठिनाइयाँ आती रहीं, लेकिन भाग्य भी उनका साथ देता रहा और वे अपनी प्रतिभा का प्रदर्शन करते चले गए। छात्रवृत्ति मिलती रही और इसके बल पर ही शिक्षा का क्रम चलता रहा। दीनदयाल जी मेधावी छात्र होने के साथ-साथ अपनी नेतृत्व क्षमता के कारण भी प्रसिद्ध थे। वे कॉलेज में छात्रों को निर्देश देते रहते थे। समय-समय पर उन्हें अपने नेतृत्व द्वारा संचालित करते रहते थे। उन्होंने प्रारंभिक से अंत तक की शिक्षा अनेक स्थानों पर जाकर प्राप्त की। इसके लिए उन्हें राजस्थान जोकि अपने पराक्रम के लिए प्रसिद्ध है वहाँ पढ़ाई की। और फिर राजस्थान तो उनकी जन्मभूमि भी थी, साहस, पराक्रम उनमें स्वाभाविक तौर पर था। इसी प्रकार कानपुर जोकि क्रांतिकारियों का तीर्थ था, उन्होंने पढ़ाई की और क्रांतिकारियों की महक से भी वे अछूते नहीं रह सके। तत्पश्चात् तीर्थराज प्रयाग में शिक्षा के लिए पहुँचे वहाँ भी इन्हें गंगा के पावन तट का सान्निध्य प्राप्त हुआ। इस प्रकार दीनदयाल को इतना सभी कुछ समयानुसार प्राप्त होता रहा और वे भी उसे सरलता से प्राप्त करते रहे।

विवाह–

जैसा कि ज्योतिषी ने इनके नाना श्री चुन्नीलाल जी से कह दिया था कि दीनदयाल जी आजीवन अविवाहित रहेंगे, वैसा ही हुआ। यूँ तो उनके मामा-मामी ने अनेक बार उन्हें विवाह करने के लिए कहा, लेकिन

उन्होंने अपनी चतुराई से मामा-मामी को इस प्रकार संतुष्ट किया कि उन्होंने दीनदयाल जी से फिर कभी विवाह के लिए नहीं कहा।

पं. दीनदयाल जी ने अपनी पुस्तक '**जगद्गुरु शंकराचार्य**' के अंतर्गत संन्यास ग्रहण के संबंध में अपने विचार प्रकट किए हैं और इन विचारों का उन्होंने शंकराचार्य जी के मुख से उद्‌बोधन करवाया है। वे इस प्रकार हैं-

"हे माँ! पितृऋण है और उसी को चुकाने के लिए मैं संन्यास ग्रहण करना चाहता हूं। पिताजी ने जिस धर्म को जीवन भर निभाया, वह धर्म यदि नष्ट हो गया तो बताओ माँ! क्या उन्हें दु:ख नहीं होगा? उस धर्म की रक्षा से ही उन्हें शांति मिल सकती है और फिर अपने बाबा, उनके बाबा और उनके भी बाबा की ओर देखो। हज़ारों वर्ष का चित्र आँखों के समक्ष उपस्थित हो जाता है। भगवान् श्रीकृष्ण ने धर्म की रक्षा के लिए स्वयं के जीवन को दाँव पर लगा दिया, कौरवों-पांडवों में युद्ध करवाया। अपने जीवन में वे धर्म की स्थापना कर गए, पर लोग धीरे-धीरे भूलने लगे। शाक्यमुनि के काल तक फिर धर्म में बुराइयाँ आ गईं। उन्होंने भी बुराइयों को दूर करने का प्रयत्न किया, पर अब आज उनके सच्चे अभिप्राय को भी लोग भूल गए हैं। माँ! इन सब पूर्वजों का हमारे ऊपर ऋण है अथवा नहीं?

यदि हिन्दू समाज नष्ट हो गया, हिन्दू धर्म नष्ट हो गया तो फिर तू ही बता माँ, कोई दो हाथ दो पैर वाला तेरे वश में हुआ तो क्या तुझे वह पानी देगा? कभी तेरा नाम लेगा?"

इस प्रकार उन्होंने यह तर्क अपने विवाह न करने के संबंध में प्रस्तुत किया।

पं. दीनदयाल और राष्ट्रीय स्वयंसेवक संघ-

पं. दीनदयाल उपाध्याय ने राष्ट्रीय स्वयंसेवक संघ में एक सेवक की भाँति प्रवेश किया और वे अपनी प्रतिभा के बल पर एक दिन संघ के अध्यक्ष पद तक पहुँचे।

पिलानी में दीनदयाल जी के एक मित्र थे-बलवंत महाशिन्दे। वैसे तो वे इन्दौर के रहने वाले थे, लेकिन पिलानी से वे दीनदयाल जी के साथ अध्ययन करने कानपुर आए थे। उनकी अटूट मित्रता थी।

उन्हीं बलवंतजी की प्रेरणा से दीनदयाल जी ने अपने कदम राष्ट्रीय स्वयं सेवक संघ की ओर बढ़ाए। वैसे मुख्य रूप से दीनदयाल जी का संघ में प्रवेश का श्रेय श्री भाऊराव जी देवरस को जाता है।

वर्ष 1937 में जनवरी 14 अर्थात् मकर संक्रांति के दिन दीनदयाल जी ने संघ की प्रतिज्ञा ली क्योंकि यह वह शुभ अवसर था जब मकर संक्रांति के दिन उत्सव था और इसी दिन पं. सातनलेकर द्वारा संघ की कानपुर शाखा को ध्वज भेंट किया जा रहा था। यहाँ उनका संघ से साथ प्रारम्भ हुआ और संघ के लिए कर्तव्यनिष्ठता से कार्य करने का कार्य।

इस समय वे बी.ए. में अध्ययन कर रहे थे, छात्रावास में रहते थे और छात्रावास में ही शाखा लगाई जाती थी। लेकिन कुछ समय पश्चात् शाखा छात्रवास में न लग कर कानपुर के नवाबगंज नामक स्थान में लगने लगी। दीनदयाल जी ने पूर्ण निष्ठा से अपना जीवन इसमें लगाने का निर्णय लिया। वर्ष 1939 में जब एम.ए. करने के लिए वे आगरा आए तो वहाँ भी उन्होंने संघ के प्रति अपनी ज़िम्मेदारी पूर्ण रूप से निभाई और आगरा के राजा की मंडी नामक स्थान पर राष्ट्रीय स्वयंसेवक संघ की एक शाखा को स्थापित किया। लोगों को संघ के साथ जोड़ा, संघ के कार्य आगे बढ़ाए। वे अपनी मेहनत व लगन से संघ के कार्यों में लग गए। उनकी ख्याति संघ में बढ़ती गई। दीनदयाल जी सहृदयी, मिलनसार व्यक्तित्व के धनी थे। लोग उनके व्यवहार से मंत्रमुग्ध हो जाते थे। उसी समय उत्तर प्रदेश से माननीय वापु राव मोघे, नानाजी देशमुख, बापू जोशी आदि बड़े-बड़े संघ के नेता संघ के कार्य के लिए आए हुए थे। दीनदयाल जी को उनका सान्निध्य प्राप्त हुआ। उन्होंने भी उनकी प्रशंसा की।

वर्ष 1942 में उत्तर प्रदेश के लखीमपुर ज़िले में दीनदयाल जी को संघ का प्रचार करने के लिए भेजा गया। उन्होंने वहाँ से प्रचारक के रूप में अपना कार्य प्रारंभ किया। यहाँ भी अपनी व्यवहार कुशलता एवं प्रतिभा से उन्होंने लोगों के हृदय में जगह बना ली। वे यहाँ पर पं. रामनारायण मिश्र के ही यहाँ रहते थे। यहाँ दीनदयाल जी ने लोगों को संघ के प्रति आकर्षित किया और सैकड़ों लोग संघ से जुड़ने लगे।

यहाँ संघ के प्रचारक के रूप में कार्य करने के अतिरिक्त वे

शिक्षा से भी सम्पर्क बनाए रहे। इसके लिए उन्होंने हाई स्कूल के विद्यार्थियों को अध्यापक के रूप में शिक्षा भी दी। वे यह कार्य निःशुल्क किया करते थे। उनकी प्रतिभा से आकर्षित होकर स्कूल के प्रबंधकों ने उन्हें उस स्कूल में प्रधानाचार्य बनाना चाहा लेकिन दीनदयाल ने इसे स्वीकार नहीं किया और जिस विश्वास से संघ के लोगों ने उन्हें संघ के प्रचारक के रूप में वहाँ भेजा था, वे उस कार्य को सर्वोपरि समझकर करते रहे। उनकी व्यवहार कुशलता से संघ का प्रचार-प्रसार का कार्य तीव्रता से हुआ। यहाँ उन्होंने प्रचारक के रूप में तीन वर्षों तक कार्य किया।

उनके इस अनूठे व आश्चर्य भरे कार्य व उनकी क्षमता को देखते हुए संघ के अधिकारियों ने वर्ष 1945 में उन्हें उत्तर प्रदेश का सह प्रांत प्रचारक बना दिया। श्री भाऊराव देवरस जी उस समय उत्तर प्रदेश के प्रांत प्रचारक के रूप में कार्य कर रहे थे। यहाँ दीनदयाल जी को संघ के दिग्गज लोगों से मिलने का सौभाग्य प्राप्त हुआ जैसे–डा. कृष्णबिहारी, रामनाथ भल्ला, जय गोपालजी, कृष्ण दत्त शर्मा, भा. राजेन्द्र सिंह, कुंजबिहारीलाल राठी, सत्यव्रत सिन्हा, वीरेन भाई, रजनीकांत लाहिरी, विजय मुंजे, राजाभाऊ सावगावकर, मनोहर आठवले, गोपालराव कालिया, जुगादे बंधु, कुरंजकर बंधु, डा. पी.के. बनर्जी आदि। यहाँ भी दीनदयाल जी ने अपनी चिर-परिचित बहुमुखी प्रतिभा को स्थापित किया।

इस प्रकार पं. दीनदयाल जी ने राष्ट्रीय स्वयंसेवक संघ में महत्त्वपूर्ण भागीदारी कर न केवल लोगों में संघ के प्रति आकर्षण पैदा किया, अपितु स्वयं की क्षमता का भी प्रदर्शन कर सबके हृदय में अपनी अमिट छाप छोड़ी और संघ के दिग्गज व्यक्ति के रूप में सर्वप्रसिद्ध हुए।

पत्रकारिता एवं साहित्यिक क्षेत्र में–

पं. दीनदयाल उपाध्याय ने पत्रकारिता के क्षेत्र में सम्पादन का कार्य एवं साहित्य लेखन के क्षेत्र में पुस्तकें लिख इस क्षेत्र में भी अपनी प्रतिभा प्रदर्शित की।

वर्ष 1947 में पंडित दीनदयाल जी ने राष्ट्रधर्म प्रकाशन लिमिटेड की स्थापना की। इसके अंतर्गत राष्ट्रधर्म, पांचजन्य व स्वदेश नामक पत्र

प्रकाशित होते थे। इनमें स्वदेश दैनिक पत्र था; जबकि पांचजन्य साप्ताहिक तथा राष्ट्रधर्म मासिक प्रकाशित होता था। दीनदयाल जी इनमें से पांचजन्य एवं स्वदेश के संपादन का कार्य स्वयं करते थे। इनके अतिरिक्त राष्ट्रधर्म प्रकाशन लिमिटेड में संपादक के रूप में वचनेश त्रिपाठी, महेन्द्र कुलश्रेष्ठ, गिरीश चन्द्र मिश्र, अटल बिहारी वाजपेयी, राजीव लोचन अग्निहोत्री, यादव राव देशमुख, तिलक सिंह परमार, महावीर प्रसाद त्रिपाठी आदि विद्वान भी थे। इनके अतिरिक्त अन्य लोगों में ज्वालाप्रसाद चतुर्वेदी तथा मनमोहन गुप्त प्रबंधक थे। श्री राधेश्याम कपूर प्रकाशक थे। श्री बजरंगी शरण तिवारी एवं पानगी प्रेस व्यवस्थापक थे तथा इस प्रकाशन के प्रबंध निदेशक श्री नानाजी देशमुख थे।

धीरे-धीरे राष्ट्रीय स्वयंसेवक संघ ख्याति प्राप्त करता जा रहा था और इन पत्रों के माध्यम से देश में संघ का प्रचार-प्रसार और भी तेजी पकड़ता जा रहा था। दूसरी ओर काँग्रेस के लिए संघ मुसीबत बनता जा रहा था। अत: काँग्रेस सरकार ने संघ पर लगाम लगाने का निर्णय लिया और शासन ने इन समाचार पत्रों को प्रतिबंधित कर दिया। लेकिन पं. दीनदयाल जी ने अपनी सूझ-बूझ का परिचय देते हुए कार्य किया। सरकार द्वारा 'पांचजन्य' पर प्रतिबंध लगाए जाने पर उन्होंने 'हिमालय पत्रिका' नाम से दूसरा समाचार पत्र प्रकाशित करना प्रारम्भ कर दिया। यह समाचार पत्र भी लोकप्रिय हो गया। सरकार ने इसे भी प्रतिबंधित कर दिया। तब उन्होंने 'देशभक्त' नाम से प्रकाशन प्रारम्भ कर दिया। सरकार की समझ में नहीं आया कि आखिर क्या किया जाए। वह दीनदयाल जी की कुशाग्र बुद्धि के समक्ष निस्सहाय-सी हो गई। लेकिन दीनदयाल जी को रोक नहीं पाई। अंतत: सरकार ने उन्हें पकड़ने की योजना बनाई, किंतु वह दीनदयाल जी को तब तक नहीं पकड़ पाई जब तक दीनदयाल जी ने स्वयं को न पकड़वा दिया। यह देख राष्ट्रीय स्वयंसेवक संघ ने इसके विरोध में सत्याग्रह किया।

इस विरोध का संचालन दीनदयाल जी के हाथों में था। उन्होंने इसका संचालन शांतिपूर्वक इस प्रकार किया कि सरकार ने कार्यकर्ताओं को कई प्रकार से उत्तेजित करना चाहा लेकिन कोई भी उत्तेजित नहीं हुआ और विरोध शांतिपूर्वक हुआ और दीनदयाल जी ने अपनी नेतृत्व क्षमता की प्रतिभा प्रदर्शित की।

इस प्रकार पं. दीनदयाल उपाध्याय ने पत्रकारिता के क्षेत्र में अपने कदम रखे और उस क्षेत्र में भी नए आयाम स्थापित किए। समाचार पत्रों का सम्पादन किया। उनके माध्यम से लोगों को प्रेरित किया। राष्ट्रीय स्वयंसेवक संघ का प्रचार-प्रसार किया। एवं राष्ट्रीय स्वयंसेवक संघ को एक नई दिशा प्रदान की। उन्होंने पत्रकारिता के क्षेत्र में अनेक महत्त्वपूर्ण लेख भी लिखे जो समय-समय पर उनके समाचार पत्रों में प्रकाशित होते रहे।

वर्ष 1947 से 1949 तक उनके निम्नलिखित प्रमुख लेख प्रकाशित हुए–

राष्ट्रधर्म में–

इसमें उनके ये प्रमुख लेख प्रकाशित हुए–

इतिहास में : (1) भारतीय राष्ट्रधारा का पुण्यप्रवाह (गौतम बुद्ध से शंकराचार्य तक), (2) भगवान् श्रीकृष्ण।

राजनीति में : (1) भारतीय राजनीति की मौलिक भूलें, (2) राष्ट्र जीवन की समस्याएँ।

पांचजन्य में–

इसमें प्रकाशित प्रमुख लेख निम्नलिखित हैं–

इतिहास में : इसमें उन्होंने भारत के स्वतंत्रता प्राप्त करने के बाद लोकमान्य तिलक की प्रथम जयंती के शुभावसर पर 'लोकमान्य तिलक की राजनीति' नामक लेख लिखा।

व्यंग्यात्मक लेख : उन्होंने धारा-144 के उपयोग तथा उसके इतिहास पर एक व्यंग्य '144' लिखा।

निबंध : उन्होंने 'राजनीतिक आय-व्यय' नामक निबंध लिखा।

सांस्कृतिक लेख : उन्होंने निम्नलिखित सांस्कृतिक लेख लिखे–
(1) जीवन का ध्येय : राष्ट्रीय आत्मानुभूति
(2) विजयदशमी

राजनीतिक लेख : इस क्षेत्र में उन्होंने 'भारतीय संविधान पर एक दृष्टि' नामक लेख लिखा।

इन लेखों में उन्होंने अपनी लेखन की प्रखर क्षमता को प्रस्तुत किया। चाहे वह व्यंग्य का क्षेत्र हो अथवा राजनीतिक या सांस्कृतिक; उन्होंने लगभग सभी क्षेत्रों को लेते हुए लेख लिखे एवं उन लेखों के माध्यम से जो विचार प्रस्तुत किए वे समाजोपयोगी थे।

इनके अतिरिक्त उन्होंने साहित्यिक क्षेत्र में भी महत्त्वपूर्ण योगदान दिया। इस क्षेत्र में उन्होंने दो पुस्तकों की रचना की। ये पुस्तकें 'सम्राट चन्द्रगुप्त' तथा 'जगद्गुरु शंकराचार्य' नाम से हैं। उनकी पुस्तक 'सम्राट चन्द्रगुप्त' भारत में बहुत प्रसिद्ध हुई और भारत की लगभग सभी भाषाओं में प्रकाशित हुई।

पं. दीनदयाल जी पर अनेक प्रकार की ज़िम्मेदारियाँ थीं और वे उन सभी में समय देते थे। अब पत्रकारिता और साहित्य से भी जुड़ गए थे और इसके लिए भी समय देना पड़ता था। कहा जाता है कि सोचने के लिए सबसे अच्छा स्थान है शौचालय। पं. दीनदयाल जी लिखने-पढ़ने के लिए शौचालय एवं रेल के सफर में समय निकालते थे। जब वे शौच जाते तो उन्हें अधिक समय लगता था। इसलिए वे शौच के समय अपना समय अध्ययन में लगाते थे। वे अधिकतर यात्राएँ पैसेंजर रेलगाड़ी में करते थे। और पैसेंजर में भी प्रथम श्रेणी के डिब्बे में, क्योंकि प्रथम श्रेणी के डिब्बे में कोई यात्रा नहीं करता था। प्राय: डिब्बे खाली रहते थे। पैसेंजर में सफर करने के पीछे पं. दीनदयाल जी का तर्क था कि पैसेंजर गाड़ी आराम से चलती है। इससे आराम से लिखा जा सकता है और यह गाड़ी अपने स्थान पर देर से पहुँचती है। इससे जो लिखा जा रहा है, उसे पूरा करने के लिए पर्याप्त समय मिल जाता है। जब वे किसी महत्वपूर्ण अधिवेशनों के लिए जाते थे तो वे इन अधिवेशनों से संबंधित लेखन कार्य भी सफर में ही करते थे। साथ ही वे ऐसे अधिवेशनों में जाते समय अपने साथ टाइप करने वाला भी रखते थे। इस प्रकार वे अधिवेशनों में करने वाले कार्यों को, भाषणों को, प्रस्तावों की रूपरेखा आदि सफर करते-करते ही बना लेते थे ताकि पूरा समय अधिवेशन के लिए हो न कि वहाँ जाकर ये सभी कार्य करने में समय बर्बाद किया जाए। यह उनकी सूझबूझ का एक उत्कृष्ट नमूना था।

राष्ट्रधर्म, पांचजन्य के अतिरिक्त वे 'आर्गनाइजर' के लिए भी अपने लेख लिखते थे।

उपर्युक्त दिए गए शीर्षकों के अतिरिक्त उनके और भी कई महत्त्वपूर्ण लेख हैं जिनका भी वर्णन करना प्रासंगिक होगा।

सर्वप्रथम सम्राट चन्द्रगुप्त पुस्तक की बात की जाए तो इसमें उन्होंने ऐतिहासिक तथ्यों की स्पष्टता पर अपने विचार प्रस्तुत किए हैं।

उनकी पुस्तक जगद्‌गुरु शंकराचार्य के संबंध में प्रकाशक ने अपने शब्द प्रस्तुत किए हैं–"पं. दीनदयाल उपाध्याय की सशक्त लेखनी से निसृत यह पावन चरित्र हमें केवल एक महान संत पुरुष का ही दर्शन नहीं कराता है, अपितु महान हिन्दू धर्म को युगानुकूल प्रतिष्ठापित कर हिन्दू राष्ट्र को नवचेतना प्रदान करने वाले एक महान संगठक का जीवन आदर्श भी प्रस्तुत करता है।"

उनकी एक अन्य पुस्तक जोकि अंग्रेजी में है, वह पंचवर्षीय योजनाओं पर आधारित है। यह पुस्तक आर्थिक क्षेत्र में एक महत्त्वपूर्ण पुस्तक के रूप में उपयोगी है। उस पुस्तक का नाम है–'दी टू प्लांस–प्रामिसेस, परफार्मेन्स एंड प्रासपेक्ट्स'। इनके अतिरिक्त उनकी कई छोटी–छोटी उपयोगी पुस्तकें भी प्रकाशित हुईं जैसे–टैक्स अथवा लूट, अखंड भारत, हमारा कश्मीर आदि। सामाजिक, आर्थिक, राजनीतिक आदि अनेक विषयों पर उन्होंने अपनी लेखनी से लोगों को चमत्कृत किया। उन्होंने अनेक विषयों को स्वयं के दृष्टिकोण से देखा, उन्हें समझा और उन पर अपनी लेखनी प्रस्तुत की। उन्होंने अपने चिंतन द्वारा अपनी पुस्तक में लिखा है कि–

"भूत के आधार पर वर्तमान का विचार कर भावी की दिशा निश्चित करने का प्रयास नहीं हुआ। इतिहासकार, अर्थशास्त्री एवं राजनीतिज्ञ अलग–अलग विचार करते रहे हैं। इन पृष्ठों का विचार समन्वयात्मक है।"

उन्होंने आर्थिक क्षेत्र में अपने चिंतन को 'भारतीय अर्थनीति : विकास की एक दिशा' के रूप में प्रस्तुत किया।

उनके प्रमुख भाषणों को, जो उन्होंने समय–समय पर दिए, 'राष्ट्रचिंतन' के रूप में पुस्तकबद्ध किया गया है। राष्ट्रचिंतन नामक पुस्तक में उनके 19 महत्त्वपूर्ण भाषणों को संगृहीत किया गया है। ये इस प्रकार से हैं–

1. राष्ट्र जीवन की समस्याएँ
2. भारतीय राजनीति की एक मौलिक भूल

3. संविधान क्या करे?
4. राष्ट्रभाषा की तपस्या
5. अखण्ड भारत : साध्य और साधन
6. राष्ट्रीयता का पुण्य प्रवाह
7. स्वतंत्रता की साधना और सिद्धि
8. लोकमत का नियामक कौन हो?
9. समाजवाद, लोकतंत्र और हिन्दुत्ववाद
10. लोकतंत्र का भारतीयकरण
11. अर्थनीति का भारतीयकरण
12. विकेन्द्रित अर्थ व्यवस्था
13. शिक्षा
14. सही शब्द : सही अर्थ
15. चिति (1)
16. चिति (2)
17. राष्ट्रात्मा व विश्वात्मा
18. .धर्मराज्य क्या और क्यों?
19. धर्म धारणा से।

उनके प्रथम भाषण के विषय 'राष्ट्र जीवन की समस्याएँ' को लें तो उन्होंने राष्ट्र से संबंधित अपने महत्वपूर्ण विचार प्रस्तुत किए। जैसे–

उन्होंने कहा है कि देश के टुकड़े-टुकड़े होने एवं जीवन के विनाश को रोकने के लिए भारत में एक ही संस्कृति रह सकती है। उन्होंने कहा कि जिस प्रकार मनुष्य जन्म से अनेक प्रवृत्तियों को प्राप्त करता है, उसी प्रकार देशभक्ति की भावना भी उसमें स्वभाव से आती है न कि किसी दबाव से या परिस्थितियों के कारण। उन्होंने आदर्श भारत के स्वरूप के संबंध में कहा है कि ध्येय पथ एक होने पर आदर्श भारत का स्वरूप एक ही होता। लेकिन लोग अलग-अलग मार्ग अपनाकर देश को आगे बढ़ाना चाहते हैं और सभी ये सोचते हैं कि वे सही मार्ग पर हैं। इन मार्गों के उन्होंने चार प्रमुख भाग प्रस्तुत किए–

(1) अर्थवादी–

इस प्रथम वर्ग में वे लोग आते हैं जो केवल अर्थ अथवा सम्पत्ति को सर्वोपरि मानते हैं और जिनका लक्ष्य केवल अर्थ है। इस वर्ग में

साम्यवादी और समाजवादी लोग हैं और वे यह चाहते हैं कि भारतीय राजनीति केवल अर्थ नीति पर स्थापित हो। उन्हें संस्कृति एवं मत अर्थात् धर्म से कोई लेना-देना नहीं है।

(2) राजनीतिवादी–
इस वर्ग में वे लोग आते हैं जो राजनीतिक प्रभुत्व प्राप्त करना जीवन का उद्देश्य समझते हैं। वे राजनीति के अंतर्गत ही संस्कृति एवं धर्म आदि को वर्णित करना चाहते हैं। ऐसे लोग काँग्रेस में हैं और उन्हीं के हाथों में आज भारतीय राजनीति है।

(3) मतवादी–
इसमें मतवादी अथवा मजहबपरस्त लोग शामिल हैं। और ये लोग मजहबी नियमों के अंतर्गत ही भारत की राजनीति व अर्थनीति को चलाने का विचार रखते हैं। इसके अंतर्गत मुल्ला-मौलवी आदि आते हैं लेकिन अब इनका प्रभाव शेष नहीं है।

(4) संस्कृतिवादी–
इस वर्ग के लोग संस्कृति को ही भारत की आत्मा समझते हैं। भारतीय अपनी संस्कृति की रक्षा एवं उसके विकास को ही अपना कर्तव्य समझते हैं। क्योंकि इसके नष्ट होने पर हम भी अपना प्रभुत्व खो बैठेंगे या हम नष्ट हो जाएँगे। इस वर्ग के अंतर्गत राष्ट्रीय स्वयंसेवक संघ के लोग आते हैं। कुछ ऐसे लोग काँग्रेस में भी हैं। यह सबसे बड़ा वर्ग है। जो हिन्दूवादी है, वे ही इस वर्ग के अंतर्गत आते हैं।

इस प्रकार उन्होंने संस्कृति को प्रधान बताया और विचार रखे कि संस्कृति ही भारत की आत्मा है और भारतीयता का विकास एवं उसकी रक्षा अपनी संस्कृति को बचाकर ही किया जा सकता है। उनके दूसरे विषय 'भारतीय राजनीति की एक मौलिक भूल' को लें तो उन्होंने कहा है कि भारतीय राजनीतिज्ञों द्वारा भारत में अलग-अलग वर्गों का स्वतंत्र अस्तित्व माना जाना बहुत बड़ी भूल है। उन्होंने सम्पूर्ण भारत को एक भारत के रूप में कहने के लिए एक उदाहरण प्रस्तुत किया कि जिस प्रकार मानव शरीर में अनेक अंग हैं; उन्हें अलग-अलग एकत्रित करने पर शरीर का निर्माण नहीं होता; वे अंग अपने स्वतंत्र अस्तित्व के लिए कार्य नहीं करते बल्कि एक शरीर के लिए कार्य

करते हैं। तभी एक शरीर कहलाता है। इसी प्रकार राष्ट्र सभी अंगों के हित के लिए होना चाहिए न कि स्वयं के हित के लिए।

इस प्रकार उन्होंने एक राष्ट्र के लिए भिन्न-भिन्न वर्गों का अलग-अलग अस्तित्व नहीं अपितु राष्ट्र के एक अस्तित्व की बात पर बल दिया। और कहा भी कि इस भूल को जब तक नहीं सुधारा जाता, तब तक भारत के सुदृढ़ निर्माण की परिकल्पना कैसे की जा सकती है।

राष्ट्र भाषा की समस्या के संबंध में भी उन्होंने अपने विचार प्रस्तुत किए। भारतीय संविधान 26 जनवरी, 1950 को लागू हुआ। संविधान के अनुसार पाँच वर्ष के बाद हिन्दी को राजभाषा बनाने का प्रावधान था जिसके लिए संविधान के अनुच्छेद 344 के अंतर्गत राजभाषा आयोग, संसदीय समिति आदि का प्रावधान दिया गया है। पाँच वर्ष बाद की बात की जाए तो 26 जनवरी, 1955 के बाद हिन्दी को राजभाषा घोषित करने के लिए कार्यवाही की जानी थी, लेकिन कुछ नहीं हुआ। तत्पश्चात् पुनः पाँच वर्ष बाद 1960 में दूसरा राजभाषा आयोग बनाना चाहिए था जबकि राष्ट्रपति आदेश में कहा गया कि 1955 के बाद अंग्रेजी भाषा सहयोगी भाषा के रूप में अपनाई जाती रहे। संविधान निर्माण करने वालों ने कहा है कि **'संघ की राजभाषा हिन्दी और देवनागरी होगी तथा 15 वर्षों की कालावधि में अंग्रेजी का उपयोग केवल राजकीय प्रयोजनों के लिए होगा।'** लेकिन यदि संसद आवश्यक होने पर 'विधि द्वारा अंग्रेजी भाषा का ऐसे प्रयोजनों के लिए उपयोग उपबंधित कर सकेगी जैसे कि उस विधि में उल्लेखित हों।'

अनुच्छेद 344 को देखा जाए तो राजभाषा आयोग एवं संसद के राष्ट्रपति को प्रतिवेदन देने पर राष्ट्रपति को विचार कर निम्नलिखित बिंदुओं पर अपना आदेश प्रस्तुत करना था–

(1) संघ के राजकीय प्रयोजनों के लिए हिन्दी भाषा का उत्तरोत्तर अधिक प्रयोग।

(2) संघ के राजकीय प्रयोजनों में से सभी अथवा किसी के लिए अंग्रेजी भाषा के प्रयोग पर निर्बन्धन।

(3) अनुच्छेद 348 में वर्णित प्रयोजनों में से सभी अथवा किसी के लिए प्रयोग किए जाने वाली भाषा।

(4) संघ के किसी एक या अधिक उल्लेखित प्रयोजनों के लिए प्रयोग किए जाने वाले अंकों का रूप।

लेकिन ऐसा कुछ नहीं हुआ और कहा गया कि–"गृह मंत्रालय एक ऐसी योजना के निर्माण और क्रियान्वयन के लिए आवंश्यक कार्यवाही करे जिसमें ऐसे महत्त्वपूर्ण कदम उठाए जा सकें जो हिन्दी के उत्तरोत्तर प्रयोग को सुविधाजनक बना दें।"

इस प्रकार अंग्रेजी का प्रचलन जारी रहा और उस पर प्रतिबंध नहीं लगा। अनुच्छेद 348 के अंतर्गत वर्णित प्रयोजनों के लिए राष्ट्रपति जी ने जो आदेश दिया वह केवल कहता है कि विधि मंत्रालय से विधि की पुस्तक का हिन्दी और क्षेत्रीय भाषा में अनुवाद हो।

इस प्रकार उन्होंने राष्ट्र भाषा की समस्या पर अपने विचार प्रस्तुत किए।

'अखंड भारत : साध्य और साधना' विषय पर उन्होंने भाषण में अपने विचारों को प्रस्तुत करते हुए कहा कि अखंड भारत बनने में सबसे बड़ी बाधा के रूप में जो बात रही है, वह है मुस्लिम संप्रदाय की पृथकतावादी मनोवृत्ति। और जिसका परिणाम रहा पाकिस्तान का जन्म। उन्होंने 'एकता' के संबंध में कहा कि यदि हम एकता बनाए रखना चाहते हैं तो उसके लिए भारतीय राष्ट्रीय अर्थात् हिन्दू राष्ट्रीयता और भारतीय संस्कृति जो हिन्दू संस्कृति है, उसे अपनाएँ।

समाजवाद, लोकतंत्र और हिन्दुत्ववाद विषय को लें तो इन पर उन्होंने अपने विचार प्रस्तुत किए। समाजवाद के बारे में उन्होंने कहा कि आजकल स्वयं को समाजवादी बताना एक फैशन हो गया है। इस देश में काँग्रेस एक पार्टी नहीं जिसने सामाजवाद् के नारे को उठाया हो। पहले भी समाजवादी पार्टी थी आज भी विद्यमान है। इन पार्टियों के लोग जो इनसे असंतुष्ट है वे भी स्वयं को समाजवादी ही बताते हैं और लोग यह भी मानते हैं कि समाजवाद वही है जो हम मानते हैं। एक बार स्वामी विवेकानंद जी ने भी स्वयं को समाजवादी कहा था–"मैं भी एक समाजवादी हूँ। इसलिए नहीं कि समाजवाद कोई पूर्ण दर्शन है, अपितु इसलिए कि मैं समझता हूँ कि भूखे रहने की अपेक्षा एक कौर मात्र प्राप्त करना भी अच्छा है। सुख-दुःख का पुनर्विभाजन सचमुच ही उस स्थिति से अधिक श्रेयस्कर होगा जिसने निश्चित ही व्यक्ति सुख या

दु:ख के भागी होते हैं। इस कष्टपूर्ण संसार में प्रत्येक को अच्छा दिन देखने का अवसर मिलना चाहिए।"

इस समाजवाद ने अपना पहला हमला लोकतंत्र पर किया। क्योंकि विश्व के समाजवादी विचारक लोकतंत्र में पूर्ण विश्वास रखते थे और उसी के कारण लोग उनके प्रति अपनी सहानुभूति रखते थे।

भारत में आज समाजवाद केवल राजकीय उद्योगों एवं उद्योगों के बढ़ावे की आवश्यकता पर ही आधारित है। और समाजवादी विचारक एवं स्वतंत्र उद्योगों वाले एक दूसरे के विरोध में खड़े हैं यह कैसा विरोध है? लेकिन साथ ही वे एक दूसरे को न्यायानुसार स्थान देने के लिए भी सहर्ष तैयार है। जब अर्थव्यवस्था अविकसित हो तो सरकार को ऐसे उद्योगों को हाथों में लेना पड़ता है जो कदाचित साधारण अवस्था में लोगों के हाथ में दिए जा सकते हैं। एवं किसी नियोजित अर्थव्यवस्था में स्वतंत्र उद्योगपतियों को उस प्रकार की खुली छूट भी प्रदान नहीं करनी चाहिए जिस प्रकार से पूर्व शताब्दियों से पश्चिम के लोगों को मिली हुई है। लेकिन यहाँ पर प्रश्न यह नहीं है कि उद्योगों के स्वतंत्र नियमों अथवा सिद्धांतों को माना जाए या समाजवाद को। क्योंकि यह एक साधन के रूप में है साध्य नहीं है। वे मनुष्य जो विचारशील हैं, उन्होंने साध्य माना है मानव कल्याण को। किंतु यह अत्यंत दुर्भाग्यपूर्ण है कि आज मनुष्य ही मनुष्य को नहीं समझता। और समाजवाद एवं लोकतंत्र ने मिलकर मनुष्य को सम्पन्न बनाने के लिए उसे एक भयानक रूप में परिवर्तित कर दिया है।

जनतंत्र ने हमें मत देने का अधिकार, न्यायपालिका का अधिकार, विचार स्वतंत्रता, धार्मिक स्वतंत्रता, स्वयं का पेशा निर्धारित करने की स्वतंत्रता और भाषण की स्वतंत्रता प्रदान की है पर साथ ही उसने हमें आर्थिक मानव की कल्पना भी दी है।

यही कल्पना पूँजीवाद को जन्म देती है। इससे किसी उत्पाद की उत्पादन क्षमता को बढ़ाने पर जोर दिया जाता है लेकिन मनुष्य ने किसी उद्देश्य को लेकर जीवन व्यतीत करने को एक तरह से बाधित कर दिया है। समाजवाद ने मजदूर वर्ग एवं सभी की सुरक्षा के लिए नारा तो दिया लेकिन दूसरी ओर युद्ध के लिए प्रेरित भी किया और यह सब समाजवाद के ही कारण उत्पन्न हुआ।

समाज एवं लोकतंत्र ने मानव की केवल भौतिक पूर्तियों को ही आवश्यक समझा और विज्ञान एवं यांत्रिक उन्नति पर ही अपने विश्वास को बल दिया। इस प्रकार इसने मनुष्य को मशीनों का गुलाम बनाकर रख दिया। यदि हमें इससे छुटकारा पाना है तो मनुष्यत्व को बचाना होगा।

हिंदुत्ववाद के लिए उन्होंने कहा है कि विश्व की समस्याओं का उत्तर हिंदुत्ववाद है न कि समाजवाद। क्योंकि यही एक ऐसा जीवन दर्शन है जो जीवन को एक इकाई के रूप में समझता है और उस पर विचार करता है। वह जीवन को विभक्त नहीं करता। महात्मा गांधी के विचारों के अनुसार जयप्रकाश नारायण, विनोबा भावे एवं राजगोपालाचारी ने ट्रस्टीशिप का विचार दिया। यह हिन्दी जीवन की पद्धतिनुसार है। समाजवादी हो या न हों, दोनों के लिए यह विचार लाभदायक है। यदि हम पाश्चात्य यंत्र प्रणाली को अत्यधिक बढ़ावा देंगे तो न तो हम अपनी संस्कृति को बचा पाएँगे और न ही समस्याओं का समाधान कर सकेंगे।

हमें धर्मराज्य, लोकतंत्र, सामाजिक समानता और आर्थिक विकेन्द्रीकरण को अपना लक्ष्य बनाना होगा। इन सबका सम्मिलित निष्कर्ष ही हमें एक ऐसा जीवन दर्शन उपलब्ध करा सकेगा जो आज के सभी झंझावातों में हमें सुरक्षा प्रदान कर सके। आप इसे किसी भी नाम से पुकारिए, हिंदुत्ववाद, मानवतावाद अथवा अन्य कोई नया वाद, किंतु यही एकमेव मार्ग भारत की आत्मा के अनुरूप होगा और जनता में नवीन उत्साह संचारित कर सकेगा। अन्य मार्ग और विचार भारत की प्रवृत्ति के अनुकूल नहीं पड़ते। वे इस देश के जीवन को विकास के स्थान पर विकृति और विनाश की ओर ले जाएँगे। संभव है, विभ्रांति के चौराहे पर खड़े विश्व के लिए भी यह मार्गदर्शक का काम कर सके।

उन्होंने 'शिक्षा' के संबंध में विचार प्रस्तुत किए हैं। शिक्षा समाज से उसी प्रकार संबंधित है जिस प्रकार किसी व्यक्ति से। समाज तब बनता है जब मानव एक दूसरे को अपने अनुभव देता आता है और यह प्रक्रिया निरंतर गतिमान रहने से मानव समूह को सृजित करती है। और एक से दूसरे को अपने अनुभवों को देना वास्तविक शिक्षा है। शिक्षा न हो तो समाज कैसे बनेगा। शास्त्रानुसार यह ऋषिऋण होता है और हम सभी का

कर्तव्य है कि उस ऋण को अदा करें। जॉन बुकन के अनुसार–"हम भूत के ऋण से उऋण हो सकते हैं यदि हम भविष्य को अपना ऋणि बना दें।"

शिक्षा की व्यवस्था जितनी सुदृढ़ होगी, समाज भी उतना ही सुदृढ़ होगा। नयी पीढ़ी को अतीत का ज्ञान जितना अच्छे ढंग से प्राप्त होगा, वह उतनी ही अच्छी प्रकार से कार्य करेगी। इसके लिए आवश्यक है कि इसके आदान-प्रदान की प्रक्रिया सुदृढ़ हो।

शिक्षा प्राप्ति के निम्नलिखित प्रमुख मार्ग हैं–

संस्कार–

समाज का प्रत्येक व्यक्ति शिक्षक-रूप में किसी को शिक्षित करने में महत्वपूर्ण भूमिका अदा करता है। क्योंकि समाज में रहने वाला व्यक्ति अपने आसपास के समाज द्वारा अपनाई जाने वाली संस्कृतियों को, संस्कारों को, स्वंत: ही ग्रहण करता है। संस्कार पारिवारिक तौर पर भी पीढ़ी दर पीढ़ी प्राप्त होते हैं। माता, पिता, गुरुजन, समाज के नेता, सहपाठी आदि द्वारा भी किसी न किसी प्रकार से संस्कारों का प्रभाव पड़ता है। यह प्रभाव किसी एक पर न होकर आसपास के व्यक्तियों पर भी पड़ता है और इस प्रकार वह एक नहीं बल्कि समाज के अन्य व्यक्तियों को भी इन कर्म के अनुसार प्रभावित करते हैं।

अध्यापन–

यह साधन सभी जगह प्रचलित एवं मान्य है। इसके अंतर्गत व्यक्ति अथवा व्यक्तियों को ज्ञान, शिक्षा दूसरे से मिलते हैं और यह ज्ञान स्कूलों, विश्वविद्यालयों आदि के अंतर्गत ही नहीं अपितु घरों में, मैदानों में, आपसी वार्तालाप, कारखानों आदि में भी मिलता रहता है। इसके लिए निश्चित स्थान निर्धारित नहीं है। शिक्षा कई माध्यमों द्वारा अध्यापित की जा सकती है।

स्वाध्याय–

इसके अंतर्गत शिक्षा का वह माध्यम आता है जिसमें मनुष्य स्वयं अध्ययन करता है। लिपि ज्ञान इसके लिए महत्त्वपूर्ण है। स्वाध्याय के माध्यम से प्राप्त ज्ञान ही उपयुक्त एवं स्थाई होता है। स्वाध्याय के लिए आवश्यक है कि आपके पास ज्ञान प्राप्ति के लिए आवश्यक पुस्तकें

आदि हों। अतः व्यक्ति चतुर्विध पुरुषार्थों के लिए प्रयास की शक्ति तभी प्राप्त कर सकता है जब शिक्षा द्वारा सामाजिक उद्देश्य को बढ़ावा दिए जाने का प्रयास हो।

'सही शब्द : सही अर्थ' इसके अंतर्गत शब्दों के सही अर्थ पर अपने विचार दिए हैं। यथा–

राष्ट्र

राष्ट्र शब्द की बात की जाए तो हमारे यहाँ आजकल यह स्थिति है कि लोग प्रादेशिक राष्ट्रवाद की कल्पना करने लगे हैं। उनका मानना है कि यहाँ पर जिसने जन्म ले लिया उसके विचार भिन्न होते हुए भी वह राष्ट्र का अंग होना चाहिए। इसके लिए उदाहरण प्रस्तुत है–एक सज्जन संसद के एंग्लो इण्डियन सदस्य श्री फ्रेंक एन्थोनी द्वारा अंग्रेजी विषय पर प्रस्तुत प्रस्ताव के विषय में कहने लगे कि–"एंग्लोइंडियन भी तो राष्ट्रीय हैं, अतः जिस भाषा को वे मातृभाषा बोलते हैं, उसे क्यों नहीं हमें अपने संविधान में स्थान देना चाहिए?" इसके उत्तर में मैंने कहा–"राष्ट्रीय हैं, अथवा राष्ट्रीय होना चाहिए–इन दोनों बातों में बहुत अंतर है। यह मैं भी मानता हूँ कि जो लोग इस भूमि में जन्म लेते हैं उन्हें राष्ट्रीय बनने के लिए प्रयास करना चाहिए, किंतु इस बारे में मतभेद हो सकते हैं। वे जैसे कुछ आज बने हुए हैं, उसी रूप में पूर्ण राष्ट्रीय हैं या नहीं।" मैंने उनसे कहा–"आज तो वे अंग्रेजी को अपनी मातृभाषा मानते हैं और आप कहते हैं कि वे राष्ट्रीय हैं अतः इनकी माँग मान लेनी चाहिए। पर कल यदि अपने देश में रहने वाले कुछ रोमन कैथोलिक लोगों ने रोम के पोप को जिसे वे अपना केवल धर्मगुरु ही नहीं, सब प्रकार के जीवन का केन्द्र मानकर चलते हैं, भारत के राष्ट्रपुरुषों की श्रेणी में रखने की माँग करने लगें तो? यदि इसी सिद्धांत का सहारा लेकर कुछ लोग अपने देश–बाह्य निष्ठा के कारण विदेशी राज्य का हस्तक बनकर हमारे देश में खड़े हो गए तो आप उन्हें क्या कहेंगे?"

धर्म–

धर्म के विषय में बात की जाए तो यह शब्द भी भ्रम की स्थिति में है। क्योंकि हिन्दू धर्म में जो भाव है, वह मात्र पूजा-अर्चना तक ही सीमित नहीं है। जबकि लोग धर्म को पूजा-अर्चना तक ही सीमित मानने लगे

हैं। उसे ही प्रयोग करते हैं। इस प्रकार धर्म शब्द का प्रयोग किया जाना उचित नहीं है। Religion धर्म का अंग्रेजी पर्याय है जिससे हिन्दू धर्म में धर्म शब्द का जो वास्तविक अर्थ है वह समाप्त हो जाता है और यही कारण है कि राष्ट्र जीवन में इसके चलते कई प्रकार की दुविधाएँ उत्पन्न हो गई हैं। हिन्दू धर्म में धर्म शब्द की व्यापकता का अलग ही महत्त्व है।

समाज–

समाज शब्द को लिया जाए तो यह शब्द भी अंग्रेजी के Society शब्द में सिमट कर रह गया है। जबकि हिन्दू समाज के विषय में हम यह विचार नहीं करते हैं कि यह कहाँ से और कैसे बना? उसका आरंभ आदि कैसे हुआ? Society और 'समाज' शब्दों में मूल भावना के विकास के संबंध में बहुत विभिन्नता है।

संस्कृति–

संस्कृति शब्द को लिया जाए तो आज संस्कृति के नाम पर सर्वाधिक भ्रम की स्थिति है। आज लोग अपनी संस्कृति को भूलते जा रहे हैं। वे संस्कृति का अर्थ फूहड़ता से लगाते हैं। जैसे–मौजमस्ती, सिनेमा, नाचना, गाना आदि। क्योंकि जो सांस्कृतिक शिष्टमंडल भारत से बाहर जाते हैं वे वास्तविक संस्कृति का प्रचार न कर फूहड़ता, नाच, गान आदि का ही प्रचार करते हैं। इसे किस रूप में भारतीय संस्कृति कहा जा सकता है। जहाँ स्वामी विवेकानंद जैसे महान् व्यक्ति अपनी वास्तविक संस्कृति का प्रचार करने अमेरिका गए थे, वहीं दूसरी और आज संस्कृति को तोड़मोड़ कर अशिष्टता से प्रचारित किया जाता है। यह सब क्या है? यह सम्भवत: यही है कि हमारी संस्कृति के विषय में हमारी स्वयं की स्थिति स्पष्ट नहीं है।

संस्कृति एवं राष्ट्र–

'संस्कृति क्या है' यह विचारणीय है। क्योंकि संस्कृति राष्ट्र की आत्मा होती है। राष्ट्र तभी तक जीवित है जब तक उसकी आत्मा जीवित है। राष्ट्र क्या है? राष्ट्र कैसे? राष्ट्र मात्र उसमें विद्यमान वस्तुओं आदि से नहीं बनता अपितु राष्ट्र में मनुष्य आते-जाते रहते हैं। अपने-अपने कर्म

करते हैं। राष्ट्र की भूमि पर कभी किसी का तो कभी किसी का अधिकार रहता है। भौतिक वस्तुएँ आदि कभी किसी के पास तो कभी किसी के पास होती हैं। किंतु यह क्रम राष्ट्र को प्रभावित नहीं करता। क्योंकि मनुष्य आदि न होने पर राष्ट्र रहेगा। किंतु यदि जब संस्कृति समाप्त हो जाती है तो राष्ट्र, राष्ट्र नहीं रहता। और उसके राष्ट्र जीवन की समाप्ति हो जाती है क्योंकि जिस प्रकार एक मानव शरीर आत्मा के निकल जाने पर स्थूल देह के रूप में रह जाता है उसी प्रकार संस्कृति राष्ट्र की आत्मा है। उसके निकल जाने पर राष्ट्र नष्ट हो जाता है।

संस्कृति शब्द का उद्भव कैसे? संस्कृति शब्द का संबंध संस्कार शब्द से है। व्याकरण के अनुसार देखने पर यह स्पष्ट है कि संस्कार शब्द से संस्कृति शब्द अलग नहीं है। संस्कारों का जीवन में जो महत्त्व है; जो प्रभाव है, वह संस्कृति में निहित है। संस्कृति शब्द संस्कृत वाङ्मय में नहीं है।

संस्कार क्या है?

कर्म का परिणाम संस्कार है, अर्थात् हम कोई कर्म करें और उसका जो परिणाम होगा वह संस्कार होगा। ये उचित भी हो सकते हैं अनुचित भी। ये संस्कार वह भी दूसरे के कर्म करने का परिणाम होता है। अर्थात् दूसरा जो कर्म करता है और उस कर्म का हम पर जो प्रभाव पड़े वह भी संस्कार है। अच्छे संस्कारों वाला हम उसे कहते हैं जिसका चरित्र अच्छा हो, अच्छे कार्य करने वाला हो, बुरे भले का ज्ञान रखता हो। दुर्गुणों से दूर हो और इन अच्छे संस्कारों का जो परिणाम है वही संस्कृति कहलाती है। मनुष्य के अच्छे-बुरे कर्मों के दोनों प्रकार के परिणाम होते हैं, वही किसी व्यक्ति का व्यक्तित्व होता है।

अच्छा-बुरा कैसे?

यह किस प्रकार कहा जाए कि अच्छा-बुरा क्या है व कैसे है? शब्दों के अपने-अपने अलग अच्छे-बुरे मानदंड हैं और यही कारण है राष्ट्रों की संस्कृति की भिन्नता का। जैसे—भारत में हम लोग हाथ जोड़कर नमस्कार करते हैं लेकिन कोई अंग्रेज यहाँ अपने देश में किसी महिला से जो संस्कारी हो, उससे हाथ मिलाने के लिए आगे बढ़ाए तब? ऐसी बातों

से राष्ट्रों के बुरे-भले का ज्ञान होता है। हमारे देश के प्रथम प्रधानमंत्री श्री नेहरू जी यूँ तो पश्चिमी सभ्यता के प्रति आकृष्ट थे लेकिन इस संस्कारी देश में जन्म हुआ था तो स्वाभाविक है कुछ न कुछ तो प्रभाव होगा ही।

एक बार वे अमेरिका यात्रा पर गए। भोज के समय वहाँ अमेरिका के प्रतिष्ठित धनवान लोग आमंत्रित थे। वहाँ उपस्थित एक पत्रकार ने गणना करके पं. नेहरू से कहा–"इस समय आप इतने (जितना उसने अनुमान लगाया) करोड़ डालरों के मध्य बैठे हैं।" यह बात पं. नेहरू के सिर के ऊपर से निकल गई अर्थात् उन्हें समझ में नहीं आया कि इस पत्रकार ने इस भोज को डालरों में कैसे तौला। तब उन्होंने उस पत्रकार से कहा–"हमारे देश में मापने के ये मापदण्ड नहीं हैं। देखने की हमारी दृष्टि दूसरी है। हमने अपने जीवन के आदर्श भिन्न रखे हैं।"

स्वामी विवेकानन्द जी ने भी एक बार कहा था कि "इंग्लैंड प्रत्येक चीज को पाउण्ड, शिलिंग, पेन्स में बताता है तो भारत प्रत्येक बात को धर्म की भाषा में बोलता है।"

समयानुसार देश में अच्छे-बुरे में भिन्नता आती रहती हैं। इसलिए अच्छे-बुरे को इसी रूप में परखा जा सकता है कि अपने जीवन में उन्नति एवं ध्येय का साधक अच्छा एवं असाधक बुरा होना चाहिए।

"धर्म धारणा से है" विषय पर उनके विचार–

सामाजिक कार्य धर्म पर आधारित हैं क्योंकि समाज धर्मानुसार कार्य करता है। और इस प्रकार से कार्य करना उन्नति है। मैं धर्म के प्रति सजग रहा इसी कारण मैं धर्म को समझ सकता हूं। धर्म क्या है–इसकी कल्पना आपको भी होनी चाहिए। धर्म शब्द वह है जिसका अत्यधिक प्रयोग होता है और यही कारण है कि इस शब्द का अनर्थ भी हो गया है क्योंकि जो धर्म के अंतर्गत नहीं है, वह भी धर्म के अंतर्गत लागू कर दिया गया है। धर्म शब्द बहुत व्यापक है लेकिन फिर भी छोटी-छोटी वस्तुओं के छोटे-छोटे अंगों को लोग धर्म मानने लगे हैं। हमें ऐसा नहीं मानना चाहिए। क्योंकि लोग कभी-कभी अनेक बार धर्म का अर्थ केवल मंदिर, मस्जिद, गिरजाघर आदि से ही लगाते हैं। मंदिर में जाने वाला धर्मात्मा है, मंदिर में जाना उचित है लेकिन केवल मंदिर ही जाना उचित नहीं है। फिर धर्म आखिर है क्या? धर्म के नाम पर ऐसी

बहुत-सी बातें प्रचलित हो गई हैं जो धर्म हैं ही नहीं। जब अंग्रेजों ने भारत में धर्म शब्द के विषय में सुना तो वे इस शब्द का अनुवाद करने लगे। लेकिन उनकी समझ में नहीं आया कि क्या अनुवाद करें? क्योंकि धर्म की व्याख्या जैसी अपने भारत वर्ष में है वैसी इंग्लैंड में कहाँ? और थक हारकर उन्होंने धर्म को अंग्रेजी में Religion कह दिया। जबकि यह गलत है क्योंकि रिलीजन का हिन्दी में तात्पर्य पंथ या सम्प्रदाय से है और पूजा प्रणाली अर्थात् पूजा करने की पद्धति सम्प्रदाय है। इस अनुवाद के चलते हम भी उसी को अपनाने लगे। और यही धर्म मान बैठे। जबकि हमें धर्म का सही रूप क्या है, उसे जानना चाहिए।

अनुवाद ही ऐसी गलती का मुख्य कारण है। हमारे देश में नाना और दादा में बहुत गहरा अंतर है, जबकि अंग्रेजी में इनके लिए ग्रैंड फादर एवं नानी-दादी के लिए ग्रैंड मदर ही कहते हैं। इसी प्रकार ऐसे अनेक शब्द हैं जिनका हमारे यहाँ बहुत अंतर है लेकिन अंग्रेजी में नहीं।

ऐसे अनुवादों के चलते कभी-कभी लोग हिन्दू धर्म को अंग्रेजी में Hindu religion अनुवाद करते हैं क्योंकि हिन्दू धर्म अनेक संप्रदायों एवं पूजा-अर्चना की अनेक पद्धतियों का सम्मिलित रूप है। जैसे-वैष्णव रिलीजन, शैव रिलीजन, सिख, जैन, लिंगायत आदि। ये सभी रिलीजन अर्थात् संप्रदाय हैं। इनकी प्रार्थना पद्धतियाँ अलग-अलग हैं और यही सब हिन्दू धर्म का रूप है। अर्थात् हिन्दू धर्म एक है लेकिन उसके अलग-अलग सम्प्रदाय हैं अर्थात् रिलीजन है। क्योंकि इन सभी के अपने-अपने अलग-अलग मत, पंथ हैं। जो सभी के लिए लाभदायक हो वही धर्म है। अर्थात् धारणा के कारण धर्म, धर्म होता है। क्योंकि जिस भक्ति भाव, नियम, व्यवस्था आदि के कारण किसी को माना जाए, वह धर्म है। और समाज, प्रजा, सृष्टि आदि सभी की धारणा धर्म से है और उसी के कारण ये बने हुए हैं और यदि धर्म खत्म हो जाए अथवा उसे हटा दें तो सब समाप्त।

हमारे यहाँ बैल को धर्म का प्रतीक बताया है और वह अपने चार पैरों पर स्थिर हैं। अगर एक पैर हटा लिया जाए तो उसे चलने, फिरने, स्थिरता आदि में दिक्कतें आ जाएँगी।

एक बार की बात है मेरे एक मित्र गरमी में लखनऊ पहुँचे। वहाँ एक साहब रहते थे जो कभी नवाब थे। अपनी नवाबी के अनुसार वे

मलमल का कुर्ता, इत्रादि लगाकर शाम के समय प्रायः घूमने जाया करते थे। नवाब साहब ने हमारे मित्र से कहा कि तुम तो गाँव के आदमी लगते हो। यह सुनकर उन्होंने भी वैसा ही कुर्ता बनवाया और घूमने निकल पड़े। वे वहाँ रहते रहे।

अब सर्दी का मौसम प्रारंभ हुआ। वे साहब अपने गाँव लौट आए और सोचा गाँव के व्यक्ति क्या जाने, बस शाम के समय फिर उन्होंने कुर्ता पहना और घूमंने चल दिए। उन्हें एक वृद्ध ने देखा जो शाल ओढ़े बैठा था। उसने कहा–"भई ऐसे क्यों घूम रहे हो बीमार हो जाओगे।" किंतु उन्होंने बात नहीं मानी। अंत में उन्हें निमोनिया हो गया। मुसीबत गाँव वालों को झेलनी पड़ी। बात यह है कि उन्होंने काल पर ध्यान नहीं दिया, उसके बारे में सोचा विचारा नहीं।

तात्पर्य यह है कि धर्म धारणा से हैं। शरीर की धारणा के लिए अलग-अलग अवस्थाओं के लिए भिन्न धर्म हैं अर्थात् धर्म शरीर की धारणा के लिए हैं और शरीर की धारणा के नियम भिन्न हैं जो बदलते रहते हैं। जैसे सर्दी में अलग, गर्मी में अलग अर्थात् ऋतु अनुसार। ये सभी स्थाई नहीं हैं लेकिन धारण करना और धारणा द्वारा आपसी तालमेल आवश्यक है। अर्थात् आपसी सामंजस्य आवश्यक है। उसी प्रकार मनुष्य मन का बुद्धि एवं शरीर से; एक दूसरे का, रिश्तेदारों का आपसी सामंजस्य कैसे हो, वास्तव में यह कार्य धर्म द्वारा ही होता है। और इसी सामंजस्य के कारण सभी एक दूसरे के साथ मिलकर कार्य करते हैं; झगड़ते नहीं हैं। इसी प्रकार औरों के मध्य सामंजस्य होना चाहिए।

एक व्यक्ति से लेकर सृष्टि तक के मध्य अनेक प्रकार के संबंध हैं। उनके मध्य आपसी तालमेल का कार्य धर्म करता है। हिन्दू धर्म में धर्म के दस लक्षण हैं और इन्हीं के आधार पर अपने धर्मानुसार कार्य होते हैं।

इस प्रकार पं. दीनदयाल जी ने समय-समय पर दिए भाषणों द्वारा अपने विचार प्रस्तुत किए जो पुस्तक 'राष्ट्रचिंतन' में संगृहीत हैं।

इसी प्रकार **'राष्ट्रजीवन की दिशा'** नाम से उनके 18 भाषणों तथा लेखों का संग्रह है। उसमें निम्न शीर्षकों से लेख और भाषण शामिल हैं–

1. परम सुख का मार्ग
2. 'मैं' और 'हम'
3. राष्ट्र की जीवनदायिनी शक्ति
4. राष्ट्र और राज्य
5. राष्ट्र का स्वरूप : चिति
6. सेक्युलर : अर्थ-अनर्थ
7. राष्ट्र : प्रकृति और विकृति
8. लोकमत परिष्कार
9. परं वैभवं नयतु मे तत्स्वराष्ट्रम्
10. संगठन का आधार : राष्ट्रवाद
11. व्यक्ति और समाज का संबंध
12. सामंजस्यपूर्ण समाज-व्यवस्था
13. दोउन राह न पाई
14. विकेन्द्रीकरण
15. गुरुपूजा : स्वदेशी-विदेशी
16. हमारा राष्ट्रध्वज
17. विजय आकांक्षा
18. सारांश (जीवन दर्शन)

इस प्रकार पत्रकारिता में दीनदयाल जी ने अपनी अमिट छाप छोड़ी—चाहे वह राजनीतिक चेतना का क्षेत्र हो, सामाजिक क्षेत्र हो अथवा कोई अन्य क्षेत्र; उन्होंने सभी क्षेत्रों में अपनी लेखनी का जादू बिखेरा। उन्होंने सभी क्षेत्रों को अपने शब्दों में इस प्रकार पिरोया कि वे जनमानस के मन में समाते चले गए।

●●●

2

राजनीति में प्रवेश

प्रतिभा एवं नेतृत्व क्षमता के बल पर पंडित दीनदयाल उपाध्याय जी के कदम राजनीति की ओर बढ़े।

यह वह समय था जब भारत पर काँग्रेस का साम्राज्य था। देश में वह एकमात्र राजनीतिक दल था। भारत की स्वतंत्रता के पश्चात् काँग्रेस की ही सरकार थी। किंतु उसकी नीतियों के चलते एक अन्य राजनीतिक दल की आवश्यकता की आवाज़ उठने लगी थी। इसके लिए वर्ष 1951 में डॉ. श्यामा प्रसाद मुखर्जी की अगुवाई में भारतीय जनसंघ नामक राजनीतिक दल के गठन पर विचार विमर्श प्रारम्भ हुआ।

21 सितम्बर, 1951 को पंडित दीनदयाल उपाध्याय जी ने लखनऊ में उत्तर प्रदेश का प्रादेशिक सम्मेलन किया और इसी सम्मेलन में उन्होंने प्रादेशिक जनसंघ स्थापित कर दिया। साथ ही उन्होंने यह प्रस्ताव भी रखा कि जनसंघ को अखिल भारतीय बनाना चाहिए। सभी ने इनके इस प्रस्ताव पर स्वीकृति प्रदान कर दी।

21 अक्टूबर, 1951 को डॉ. श्यामा प्रसाद मुखर्जी के नेतृत्व में दिल्ली में अखिल भारतीय सम्मेलन आयोजित किया गया जिसमें यह–'अखिल भारतीय जनसंघ' के रूप में उभरा। इस प्रकार अखिल भारतीय जनसंघ की स्थापना हुई।

दिसम्बर 1952 में, कानपुर में 'अखिल भारतीय जनसंघ' का प्रथम अधिवेशन आयोजित किया गया। पं. दीनदयाल उपाध्याय जी की क्षमता

से सभी भली-भाँति परिचित थे। पत्रकारिता का क्षेत्र हो, साहित्य का क्षेत्र हो अथवा राष्ट्रीय सेवक संघ के प्रचारक का क्षेत्र हो; प्रत्येक क्षेत्र में उन्होंने अपनी प्रतिभा की छाप छोड़ी थी। उनकी इसी क्षमता को ध्यान में रख कर डॉ. श्यामा प्रसाद मुखर्जी ने उन्हें जनसंघ का महामंत्री नियुक्त किया। अब पं. दीनदयाल जी के कंधों पर यह नई ज़िम्मेदारी आ गई।

डॉ. श्यामा प्रसाद मुखर्जी ने दीनदयाल जी के विषय में कहा था–"जैसा मैं चाहता था, वैसा ही साथी मुझे मिल गया।" और "मुझे ऐसे दो दीनदयाल और दे दीजिए, मैं सारे देश का नक्शा बदल दूँगा।"

पं. दीनदयाल जी ने जनसंघ का महामंत्री पद पंद्रह वर्षों तक संभाला एवं ज़िम्मेदारी से कार्य किया।

जिस समय दीनदयाल जी ने महामंत्री का पद संभाला उस समय शेख अब्दुल्ला द्वारा देश के सरताज कश्मीर को हड़पने का प्रयास किया जा रहा था। किंतु काँग्रेस सरकार मूक दर्शक बनी बैठी थी। तब जनसंघ ने इसके विरोध में खड़े होने का निर्णय लिया। डॉ. श्यामा प्रसाद मुखर्जी ने भी संसद में आवाज़ उठाई, लेकिन कुछ न हो सका। तब जनसंघ ने सत्याग्रह द्वारा आगे आने का उपाय सोचा। इस सत्याग्रह में डॉ. श्यामा प्रसाद जी ने अपना बलिदान दिया। जनसंघ ने इसके अंतर्गत अपना लक्ष्य रखा था–"एक देश में एक प्रधान, एक विधान एवं एक निशान।"

डॉ. श्यामा प्रसाद जी की मृत्यु के बाद जनसंघ में संकट छाता गया। इसके अध्यक्ष पं. मौलिचन्द्र शर्मा के समय जनसंघ में मतभेद का दौर शुरू हुआ। एकनाथ राणाडे जो कि केंद्रीय अधिकारी थे, उन्हीं के कारण जनसंघ में गृह-कलह बढ़ गई।

श्री वसंत राव ओक ने अनेक प्रदेशों के अतिरिक्त राजे-रजवाड़ों को जनसंघ के साथ किया था। गृह-कलह के कारण उन्हें जनसंघ से हटना पड़ा। जनसंघ टूटता गया, कार्यकर्ता इधर-उधर हो गए। लेकिन इस समय पंडित दीनदयाल जी ने अपनी प्रतिभा अनुरूप कार्य किया और जनसंघ को पुनः प्रतिष्ठित करने का प्रयास किया और उसमें वे सफल भी हुए। जनसंघ की अध्यक्षता डॉ. रघुवीर ने सँभाली

जो कि अनेक भाषाओं के ज्ञाता एवं ख्याति प्राप्त विद्वान थे। लेकिन दुर्भाग्य से जनसंघ को पुनः झटका लगा। वर्ष 1962 में एक दुर्घटना में उनकी मृत्यु हो गई। पुनः जनसंघ संकट में आ गया। लेकिन दीनदयाल जी ने पुनः सूझबूझ से कार्य किया। क्योंकि यह समय चुनाव का था। इसलिए वे जनसंघ को देश के कोने-कोने में पहुँचाने के काम में लग गए क्योंकि जनसंघ अभी तक नगरों तक ही सीमित था। दीनदयाल जी ने स्थान-स्थान पर जाकर जनसंघ को बढ़ावा दिया, साथ ही अनेक प्रांतों, गाँवों एवं नगरों के लोगों से मिलकर उनकी परेशानियों को समझा।

वर्ष 1963 में लोकसभा के उपचुनाव हुए और पं. दीनदयाल उपाध्याय ने भी जौनपुर से अपनी उम्मीदवारी प्रस्तुत की लेकिन वहाँ पर उनका विरोध किया गया और वे चुनाव में जीत न सके।

वे राजनीति में आना नहीं चाहते थे। इसके लिए उन्होंने गुरुजी (श्री माधवराव सदाशिवराव गोलवलकर) से भी कहा था-"आपने मुझे किस झमेले में डाल दिया। मुझे प्रचारक का काम ही करने दें।"

लेकिन गुरुजी बोले-"भई, तुम्हारे अतिरिक्त इस झमेले में किसको डालें। संगठन के कार्य पर जिसके मन में इतनी अविचल श्रद्धा और निष्ठा है, वह ही उस झमेले में रहकर कीचड़ में भी कीचड़ से अस्पृश्य रहता हुआ, सुचारू रूप से वहाँ की सफाई कर सकेगा।"

वर्ष 1967 में जनसंघ का चौदहवाँ अधिवेशन कालीकट में हुआ। वहाँ पं. दीनदयाल जी को एक और बड़ी ज़िम्मेदारी सौंपी गई। उन्हें जनसंघ का अध्यक्ष बना दिया गया।

'जनसंघ आइडियोलॉजी एंड आर्गेनाइजेशन इन पार्टी बिहेवियर' शीर्षक से अपने सुदीर्घ अंग्रेजी निबंध में वाल्टर के. एंडरसन ने लिखा है-

"पंडित दीनदयाल उपाध्याय जी के 1967 में जनसंघ का अध्यक्ष पद स्वीकार करने का यही अर्थ था कि दल की संगठनात्मक नींव डालने का काम पूरा हो गया है और राष्ट्रीय स्तर पर एक प्रबल प्रतिस्पर्धी के नाते सत्ता की प्रतियोगिता में उतरने का उसका संकल्प है।"

राष्ट्रीय स्वयंसेवक संघ के सरसंघ संचालक श्री गोलवलकर गुरुजी ने पं. दीनदयाल उपाध्याय के राजनीतिक कार्यों के विषय में कहा था–

"बिल्कुल नींव के पत्थर से प्रारम्भ कर जनसंघ के कार्य को इतना नाम और इतना रूप देने का श्रेय यदि किसी एक व्यक्ति को देना हो तो वह दीनदयाल जी को ही देना होगा।"

इस प्रकार दीनदयाल जी ने राजनीति के क्षेत्र में भी अपनी भूमिका को पूर्ण रूप से निभाया। उन्होंने सिद्ध किया कि वे प्रत्येक क्षेत्र में अपनी प्रतिभा दिखाने की क्षमता रखते हैं।

लंदन में जनसंघ फोरम–

दीनदयाल उपाध्याय ने अपनी इंग्लैंड यात्रा के समय वहाँ रहने वाले भारतीयों एवं अध्ययनरत् विद्यार्थियों के दिलों में जनसंघ की छाप स्थापित करने का विचार किया और भारतीयता के उचित प्रसार-प्रचार के लिए कार्य प्रारम्भ किया। इंग्लैंड में भारतीय दूतावास भी जनसंघ को 'एक हिन्दू सम्प्रदायवादी' संस्था के रूप में मानता था। पंडित दीनदयाल जी ने इन सभी शंकाओं का समाधान किया और लंदन में जनसंघ फोरम की स्थापना की।

पं. दीनदयाल जी का व्यक्तित्व–

पं. दीनदयाल जी के व्यक्तित्व को शब्दों में पिरो पाना बड़ा कठिन है क्योंकि शब्द कम पड़ जाएँगे उनके व्यक्तित्व को समेटने में। कोई भी क्षेत्र हो, उन्होंने उस क्षेत्र में अपनी अमिट छाप छोड़ी। वे कुशल संचालक, लेखक, पत्रकार, राजनीतिज्ञ, संगठनकर्ता आदि थे। वे बहुत ही साधारण से दिखने वाले व्यक्ति थे। धोती-कुर्ता पहनते थे। अर्थात् साधारण पुरुष थे लेकिन इस साधारण पुरुष में असाधारण विद्वता, महानता का समावेश था। उसका अनुमान सरलता से नहीं लगाया जा सकता था। उन्हें बाहरी आडम्बरों से कोई लेना-देना नहीं था। समाज का उत्थान उनका सर्वोपरि गुण था। उन्होंने इस बात को पूर्ण रूप से सिद्ध कर दिया था कि मनुष्य जन्म से नहीं अपितु कर्म से महान बनता है।

कम बोलना, अधिक सुनना उनका विशेष गुण था। किसी से कोई त्रुटि होने पर वे समझाते कि अब जो गया सो हो गया, भविष्य में ध्यान रखना चाहिए।

भारत की स्त्रियाँ उनके लिए माता एवं बहन समान थीं और भारत माँ के सपूत उनके भाई समान थे। उन्होंने अपना सारा जीवन समाज के हित में लगा दिया। उन्होंने अपने मामा को लिखे पत्र में लिखा था–"समाज की उन्नति के बिना व्यक्ति का विकास असम्भव है। यदि कुछ व्यक्ति समाज में उन्नत भी हो गए तो उससे समाज को क्या लाभ? वस्तुत: यह विकास अत्यंत हानिकारक है। आज समाज को हमारे जीवन की अपेक्षा है।" यह था पंडितजी का व्यक्तित्व।

•••

3

असामयिक अंत

सादा जीवन, उच्च विचार और व्यवहार में सरलता के धनी पंडित दीनदयाल उपाध्याय आजन्म ब्रह्मचारी रहे।

डॉ. श्यामाप्रसाद मुखर्जी की कश्मीर में रहस्यमय मृत्यु के बाद सर्वश्री प्रेमनाथ डोगरा, मौलिचन्द्र शर्मा, बच्छराज व्यास, पीताम्बर दास, डॉ. रघुवीर, एस. रामाराव, बलराज मधोक आदि ने जनसंघ के अध्यक्ष के रूप में कार्य किया। दिसम्बर 1967 में जनसंघ के 14वें अधिवेशन के अवसर पर पंडित दीनदयाल उपाध्याय को इसका अध्यक्ष बनाया गया। उनके नेतृत्व में संघ एक नई चेतना के साथ आगे बढ़ने लगा। अटल जी के साथ–राष्ट्रधर्म, पांचजन्य और स्वदेश में उन्होंने कंधे-से-कंधा मिलाकर कार्य किया।

वे बोलते कम थे, सुनते अधिक थे। अतिशयोक्ति और प्रचार में उनकी रुचि नहीं थी। वे समन्वयवादी थे, समझौतावादी थे; किंतु सिद्धांतों से गिरकर अथवा परिस्थिति से पराजित होकर उन्होंने न समझौता किया, न समन्वय। जनसंघ को नवपथ की ओर अग्रसर कर राजनीति के विशाल प्रांगण में खड़े कर देने का साहस और जीवट केवल दीनदयाल जी में ही था।

इस मुखर और सच्चे राष्ट्रभक्त की, रात्रि के अंधकार में चलती गाड़ी में क्रूरतापूर्वक हत्या कर दी गई। 11 फरवरी, 1968 को सभी भारतवासियों ने यह दुखद समाचार सुना कि पं. दीनदयाल जी का शव मुगलसराय स्टेशन के निकट पड़ा पाया गया। भारत का जनमानस हिल गया। कण-कण अवाक् रह गया। भारत शोक-सागर में डूब गया।

अटल जी पर मानो वज्रपात हुआ। 12 फरवरी, 1968 को दीनदयाल जी को श्रद्धासुमन अर्पित करते हुए संसद में उन्होंने कुछ यूँ अपने उद्‌गार व्यक्त किए :

"अध्यक्ष महोदय, हम शोक की छाया में यहाँ एकत्र हैं। आज जो घाव सबसे हरा है वह श्री दीनदयाल उपाध्याय के देहावसान का है। वे संसद के सदस्य नहीं थे, लेकिन भारतीय जनसंघ के जितने सदस्य आज इस सदन में और दूसरे सदन में बैठे हैं, उनकी विजय का, जनसंघ को बनाने का, बढ़ाने का, यदि किसी एक व्यक्ति को श्रेय दिया जाता है तो उपाध्याय जी को है। देखने में सीधे-सादे लेकिन मौलिक विचारक, कुशल संगठनकर्ता, दूरदर्शी नेता, सबको साथ लेकर चलने का जो गुण उन्होंने अपने जीवन में प्रकट किया, वह नई पीढ़ी के लिए मार्गदर्शन का काम करेगा। ऊँची से ऊँची शिक्षा प्राप्त करके भी उन्होंने नौकरी नहीं की, वे परिवार के बंधनों में नहीं बँधे, शरीर का कण-कण और जीवन का क्षण-क्षण उन्होंने भारतीयता के मस्तक को सौभाग्य के सिंदूर से मंडित करने के लिए समर्पित कर दिया।

जिन परिस्थितियों में उनका निधन हुआ है, वे हृदयविदारक हैं। यह कहना ठीक नहीं होगा कि वे किसी रेल दुर्घटना के शिकार हुए। यह तथ्यों के विपरीत है। लखनऊ से पटना जाते हुए मुगलसराय स्टेशन से थोड़ी दूर उनका शव पाया गया। अगर दुर्घटना में उनकी मृत्यु होती तो शरीर लेटी हुई अवस्था में न मिलता, फिर शरीर के ऊपर चादर पड़ी हुई नहीं मिलती, फिर उनके हाथों में 5 रुपये का नोट प्राप्त न होता। उनके शरीर पर जो घाव लगे वे भी इस बात की ओर संकेत करते हैं कि मृत्यु रेल दुर्घटना में नहीं हुई। मृत्यु के कुछ और कारण हैं। उन कारणों की छानबीन होनी चाहिए। उत्तर प्रदेश सरकार जाँच कर रही है।

केन्द्रीय सरकार को उच्चस्तरीय जाँच करने की आवश्यकता है। 3.45 पर उनकी लाश देखी गई, लेकिन प्लेटफार्म पर नहीं लाई गई। क्यों नहीं लाई गई? उनकी जेब में टिकट था। रिजर्वेशन की स्लिप थी। वे लखनऊ से पटना जा रहे थे, यह पता लगाया जा सकता था। मगर मुगलसराय स्टेशन के कर्मचारियों ने अपने कर्तव्य का पालन नहीं किया। अगर अचानक हमारा एक कार्यकर्ता वहाँ न पहुँच जाता तो उनकी लाश लावारिस लाश बनाकर अंतिम संस्कार के लिए भेज दी जाती।

प्रश्न केवल एक नेता का ही नहीं है, एक नागरिक के जीवन की सुरक्षा का भी है, प्रश्न रेल-यात्रियों की सुरक्षा का भी है और यह आवश्यक है कि इस मृत्यु पर पड़े हुए सारे रहस्य के पर्दे खोले जाएँ, तह में जाने का प्रयत्न किया जाए, जिससे भविष्य में इस प्रकार की कोई दुर्घटना न हो सके और किसी दल को अपना अनमोल कार्यकर्ता न खोना पड़े।

अध्यक्ष महोदय, आपने, प्रधानमंत्री ने और आचार्य रंगा ने जो कुछ कहा है, हम अपने को उसके साथ सम्बद्ध करते हैं। जहाँ तक मेरा सवाल है, मुझको अँधेरा दिखाई देता है। मेरे लिए तो रोशनी बुझ गई। वाणी में संयम, दूरदर्शी दृष्टि, सम्पूर्ण देश का विचार, सबको साथ लेकर चलने की भावना, जो भी उपाध्याय जी के सम्पर्क में आए थे, वे आज उनके अभाव को अनुभव करेंगे। हमारे लिए उनकी क्षति कभी पूरी नहीं होगी। लेकिन राष्ट्र के जीवन में फिर ऐसी दुर्घटना न हो, इसके लिए प्रयत्न करने की आवश्यकता है।"

पं. दीनदयाल उपाध्याय का शव इस प्रकार पड़ा पाया गया जैसे वे लावारिस हों। इतने महान व्यक्तित्व का इस प्रकार से अंत कोई सोच भी नहीं सकता था। सिद्धहस्त हत्यारों ने उनकी हत्या इस प्रकार की कि आज तक यह रहस्य उजागर नहीं हो पाया कि वे क्रूर लोग कौन थे। यदि किसी ने उनकी हत्या करवाई है तो उन्हें क्या लाभ हुआ? या हत्या करने वालों को क्या लाभ हुआ? इस प्रकार के कई अनसुलझे सवाल अभी तक वैसे के वैसे ही हैं।

इन प्रश्नों के उत्तर जो भी हों, हत्यारे जो भी हों लेकिन राष्ट्र की, दीनदयाल जी के रूप में जो महान क्षति हुई, क्या उसकी पूर्ति हो पाएगी? संभवत: नहीं। क्योंकि ऐसे लोग विरले ही हैं जो जन्म लेकर केवल दूसरों के लिए जीते हैं। अपने सुख को वे दूसरों के लिए भेंटस्वरूप दे देते हैं।

पं. दीनदयाल उपाध्याय भारतीय प्रजातंत्र के राजनीतिक क्षितिज पर अग्रसर एक महान व्यक्ति और देश के विकास पथ के प्रकाशपुंज थे। उनकी अगुवाई में देश विकास पर अग्रसर था लेकिन उनकी हत्या करने या करवाने वालों को क्या देश का विकास अच्छा नहीं लगता था? क्या वे यह नहीं चाहते थे कि देश अन्य देशों की तरह

विकास करे? ऐसे कई सवाल भी सामने उभरते हैं जिनके उत्तर अंधकार में खो गए हैं।

इस महान पुरुष के आकस्मिक निधन पर सभी देशवासियों के हृदय में हलचल उत्पन्न हो गई। वे दुःख से विह्वल हो उठे। शोक संवेदनाएँ प्रकट की जाने लगीं।

भारत के तत्कालीन राष्ट्रपति डॉ. जाकिर हुसैन ने कहा–"मुझे पं. दीनदयाल उपाध्याय की मृत्यु का समाचार सुनकर गहरा आघात लगा।"

जनसंघ की कार्यकारिणी ने श्रद्धांजलि देते हुए कहा–"थोड़े ही वर्षों में देश के राजनीतिक जीवन में जनसंघ ने जो प्रमुख स्थान प्राप्त किया है, उसका श्रेय यदि किसी एक व्यक्ति को है, तो वह उपाध्याय जी को है।"

श्रद्धांजलियों का तांता लगा रहा।

जनसंघ कार्यसमिति की श्रद्धांजलि–

"भारतीय जनसंघ कार्यसमिति की बैठक आज एक भयानक राष्ट्रीय दुर्भाग्य की छाया में हो रही है। जनसंघ की स्थापना के बाद यह पहला ही अवसर है जब कार्यसमिति का मार्ग-दर्शन करने के लिए श्री उपाध्याय हमारे बीच में नहीं हैं। जिन्हें काल के क्रूर हाथों ने अपने एक क्रूर अप्रत्याशित प्रहार से हमारे मध्य से उठा लिया है और आज हम उनकी मृत्यु पर शोक प्रकट करने और उनकी पावन स्मृति में अपनी श्रद्धांजलि अर्पित करने एकत्र हुए हैं।

श्री उपाध्याय एक महान देशभक्त, कुशल संगठनकर्ता, मौलिक विचारक, दूरदर्शी राजनीतिज्ञ और रससिद्ध साहित्यकार थे। सादा जीवन और उच्च विचार की जीती जागती प्रतिमा 'श्री उपाध्याय' भारत की सनातन संस्कृति के प्रतिनिधि और संदेश-वाहक थे। उनका सम्पूर्ण जीवन राष्ट्र के लिए समर्पित था। उनके देहावसान से सार्वजनिक जीवन की जो क्षति हुई है, वह अपूर्णीय है।

उनके बिना जनसंघ की कल्पना भी कठिन है। जब से जनसंघ के संस्थापक डॉ. मुखर्जी ने उन्हें महामंत्री के पद पर मनोनीत किया, वे जनसंघ के प्रेरणा-स्रोत तथा उसके संगठन के आधार रहे। थोड़े ही वर्षों में देश के राजनीतिक जीवन में जनसंघ ने जो प्रमुख स्थान प्राप्त

किया है, उसका श्रेय यदि किसी एक व्यक्ति को है, तो श्री उपाध्याय को है।

उनका नि:स्वार्थ जीवन, उनकी आदर्शवादिता, उनकी अनुशासनप्रियता, सबको साथ लेकर चलने की क्षमता, लाखों कार्यकर्ताओं के लिए उदाहरण बन गई और उन्हें आगे बढ़ने के लिए निरंतर प्रेरणा देती रहेगी।

जिन परिस्थितियों में श्री उपाध्याय की मृत्यु हुई वे हृदय-विदारक तथा गम्भीर रूप से चिंताजनक हैं। जिस दशा में उनका शव मुग़लसराय रेलवे प्लेटफार्म से थोड़ी दूर पर पड़ा पाया गया, वह संदेहों और आशंकाओं से परिपूर्ण है। अभी तक जो तथ्य उपलब्ध हुए हैं, वे इस बात की ओर संकेत करते हैं कि उनकी मृत्यु किसी दुर्घटना के कारण नहीं हुई, अपितु हत्या का यह स्पष्ट मामला है। यह तो एक उच्चस्तरीय एवं विस्तृत जाँच से ही पता चल सकता है कि यह जघन्य कृत्य किस उद्देश्य से किया गया और इसके लिए कौन उत्तरदायी है? उत्तर प्रदेश सरकार ने संपूर्ण कांड की जाँच का आदेश दिया है, किंतु कार्यसमिति अनुभव करती है कि चूँकि उस दुखद कांड से रेलवे विभाग भी संबंधित है, अत: केन्द्रीय सरकार को स्वत: भी इस मामले की पूरी छानबीन करनी चाहिए।

भारतीय जनसंघ कार्यसमिति दिवंगत नेता के प्रति अपनी श्रद्धांजलि भेंट करते हुए स्वयं को उन आदर्शों के लिए पुन: समर्पित करती है, जिनके लिए पंडित जी जिए, जुटे और मृत्यु को प्राप्त हुए।"

भारत के तत्कालीन राष्ट्रपति डॉ. जाकिर हुसैन–

"मुझे श्री दीनदयाल उपाध्याय की मृत्यु की खबर सुनकर गहरा आघात लगा। दिवंगत नेता के परिवार के सदस्यों के प्रति मेरी गहरी सहानुभूति है।"

तत्कालीन उपराष्ट्रपति श्री वी. वी. गिरि–

"श्री उपाध्याय भारत माँ के महान पुत्र थे। उनकी मृत्यु से मुझे गहरा दु:ख हुआ है। उनके निधन से एक बहुत बड़ा राष्ट्रीयतावादी एवं कर्तव्यनिष्ठ व्यक्ति भारत ने खो दिया।"

तत्कालीन प्रधानमंत्री श्रीमती इंदिरा गांधी–

"मुझे श्री उपाध्याय जी की मृत्यु की खबर सुनकर गहरा आघात पहुँचा है। श्री उपाध्याय देश के राजनीतिक जीवन में एक प्रमुख भूमिका अदा कर रहे थे। उनकी ऐसी दुःखद परिस्थितियों में असामयिक और अप्रत्याशित मृत्यु से उनका कार्य अधूरा रह गया है।

जनसंघ व काँग्रेस के बीच मतभेद चाहे जो हों, मगर श्री उपाध्याय सर्वाधिक सम्मान प्राप्त नेता थे और उन्होंने अपना जीवन देश की एकता एवं संस्कृति को समर्पित कर दिया था।"

जम्मू-कशमीर जनसंघ के तत्कालीन अध्यक्ष श्री प्रेमनाथ डोगरा–

"जिन परिस्थितियों में उनका शव पाया गया है, उसकी मैं कल्पना तक नहीं कर सकता। यह रहस्यमय है। श्री उपाध्याय की मृत्यु से मेरा व्यक्तिगत नुकसान हुआ है और देश तथा उसकी एकता व अखण्डता को घोर क्षति पहुँची है।"

तत्कालीन उपप्रधानमंत्री श्री मोरारजी देसाई–

"स्व. पंडित जी से मेरा प्रत्यक्ष परिचय नहीं था, परंतु जिस अनन्य भाव से, निष्ठा से वे देश की सेवा कर रहे थे, उससे मैं परिचित था। भारतीय संस्कृति में, धर्म में, देश की अखण्डता-एकता में उनकी बहुत श्रद्धा थी और वे चाहते थे कि इस देश का विकास भारतीय संस्कृति के अनुसार हो। धर्म, जो हमारी संस्कृति की बुनियाद है, वह प्रबल बने। इन्हीं आदर्शों की पूर्ति के लिए वे जीवन-भर लगे रहे, इसी ध्येय की पूर्ति के लिए अपनी सारी शक्ति को लगा दिया। संसार (गृहस्थी) भी नहीं बसाया।

मैं समझता हूँ कि राष्ट्र-सेवा के भिन्न-भिन्न मार्गों पर चलते हुए मत-भिन्नता आ सकती है, परंतु मतों में अंतर होने पर भी परस्पर सज्जनता का बर्ताव करना आवश्यक होता है। तभी समाज का विकास सम्भव है। स्व. पंडित जी इस सज्जनता के प्रतीक थे। इस प्रकार के उदार जनसेवक, अनन्य राष्ट्रभक्त, निष्ठावान, चरित्रवान जीवन का हम अनुसरण करें और ये गुण अपने अंदर ला पाएँ, तभी देश ऊँचा उठ सकेगा।"

तत्कालीन गृहमंत्री श्री यशवंतराव चह्वाण–

"पंडित जी से मेरा पुराना परिचय था, लम्बी दोस्ती थी। इस परिचय का मेरे मन पर कुछ ऐसा प्रभाव पड़ा कि वे एक ऐसी हस्ती हैं कि जो काम हाथ में लेंगे उसे या तो पूरा करके रहेंगे या फिर खुद खत्म हो जाएँगे। उनके व्यक्तित्व में कुछ ऐसी ताकत थी कि वे अपने साथियों को साथ रख सकते थे और यही नहीं, अपनी बात को आसानी से उन तक पहुँचा सकते थे। उनके साथी भी यह मानते थे कि वे अपने हैं। इतने अपने हैं कि उनसे कुछ भी कहा जा सकता है, हर बात की इनके यहाँ सुनवाई होगी।

लोग कहते हैं कि वे भोले-भाले थे। मैं ऐसा नहीं मानता। भोले-भाले व्यक्ति को तो कोई भी ठग सकता है, किंतु उन्हें ठगना सम्भव नहीं था। वे सीधे अवश्य थे। जो कहना चाहते थे, विनम्र किंतु सीधे, स्पष्ट ढंग से, सीधी जबान में कह देते थे। यही सीधापन उनके रहन-सहन, खानपान, बोलचाल में भी सदा प्रकट होता था। मैं समझता हूँ कि हमारे देश के नेताओं में इस गुण का होना अत्यंत आवश्यक है। इस तरह से गुणों से सम्पन्न व्यक्ति का इस देश से इतनी जल्दी चले जाना सचमुच एक बड़ा भारी अभाव ले आया है। यह देश की एक अत्यंत अपूर्णीय क्षति है।"

आचार्य कृपलानी–

"गीता में कहा गया है–

"तेजः क्षमा धृतिः शौचमद्रोहो नातिमानिता।
भवन्ति सपदं दैवीमभिजायस्य भारत!"

तेज, क्षमा, धैर्य, बाहर-भीतर की शुद्धि, किसी में भी शत्रुभाव का न होना, अपने प्रति पूज्यता के अभिमान का अभाव, दैवी सम्पदा को प्राप्त करते हुए पुरुष के ये लक्षण हैं।

स्व. उपाध्यायजी भी ऐसी ही दैवी संपदा के स्वामी थे। ज्यादा बहस-मुबाहिसे के झगड़े में न पड़कर शांत मौन भाव से काम में लगे रहते थे। बड़े ही देशप्रेमी थे। यद्यपि वे जनसंघ के प्रधान थे, परंतु वे कभी पार्टीबाजी में नहीं पड़ते थे। ऐसा देशभक्त इतनी जल्दी हमारे बीच से उठ गया, यह बड़े ही दुःख की बात है।

आज कुछ ऐसी स्थिति हो गई है कि इस प्रकार के लोग चले जाते हैं तो उनकी जगह पूरी होती नहीं, वह खाली की खाली ही रह जाती है। इस जगह को भरने के लिए हम सब लोग अपने जीवनों को ढालें, मोड़ें और उनके जैसा देशप्रेम, सेवाभाव अपने कर्तव्य द्वारा प्रकट करें, यही उनके प्रति वास्तविक श्रद्धांजलि होगी।"

श्री नाथ पै, संसद-सदस्य–

"नियति की लीला अगाध होती है। 1964 में दिल्ली के रामलीला मैदान में ही पंडित जवाहरलाल नेहरू की मृत्यु पर आयोजित शोक-सभा में ही सर्वप्रथम दीनदयाल जी के दर्शन किए और फिर उसी रामलीला मैदान में उन्हीं को अंतिम श्रद्धांजलि अर्पित करने का प्रसंग भी मेरे सामने आ गया।

प्रथम दर्शन से पूर्व मैं अनुमान नहीं लगा पाया था कि वे कितने असाधारण व्यक्ति हैं। उसी अवसर पर जो बातचीत हुई उसका मेरे मन पर भारी प्रभाव पड़ा। राष्ट्रीय स्वतंत्रता-आंदोलन में जिस प्रकार की सादगी और सरलता के प्रतीक नेता कार्यकर्ता होते थे, वैसे ही मुझे वे भी लगे। उसके बाद तो कई बार भेंट हुई, परिचय घनिष्ट होता गया और हर मुलाकात में मुझे उनके जीवन के उन नए से नए पहलुओं का ज्ञान होता गया, जो सब दृष्टि से श्रेष्ठ एवं कल्याणकारी माने जाते हैं।

गीता में भगवत्प्रिय का लक्षण लिखते हुए इस प्रकार कहा गया है–

"यस्मान्नोद्विजते लोको लोकान्नोद्विजते च यः।
हर्षामर्षभयोद्वेगै मुक्तो यः स च मे प्रियः॥"

अर्थात् जिससे लोग परेशान नहीं होते तथा जो लोगों से परेशान नहीं होता और जो हर्ष, क्रोध, भय, बेचैनी से मुक्त हो, वही मेरा प्रिय भक्त है।

वस्तुत: वे इसी कोटि के महामानव थे। कई विषयों पर यद्यपि हमारे मतभेद भी होते थे, किंतु उनका व्यक्तित्व इतना प्रसन्न, इतना उदार, लगन-श्रद्धा इतनी तीव्र कि कभी लगता ही नहीं था कि वे हममें से बाहर के व्यक्ति हैं। हम मानते थे कि मार्ग भले ही भिन्न-भिन्न हों, परंतु उपासना उसी राष्ट्र-देव की ही कर रहे हैं, मंजिल हमारी एक ही है।

आज जब देश चारों ओर से संकटों से घिरा है और देशवासी स्वयं ही अपने भारतीयपने को भूल बैठे हैं, उस स्थिति में उनका स्मरण, जिनके लहू की बूंद-बूंद में राष्ट्रीयता भरी थी, जिनका अणु-अणु राष्ट्रीय था, हमारे लिए अत्यंत प्रेरणादायक होगा। अधूरे राष्ट्रवाद का चिंतन छोड़ सम्पूर्ण, प्रखर राष्ट्रवाद के हम पुजारी बनें, यही भारत माँ के उस सुपुत्र के जीवन का संदेश है।"

देश के पाँच शीर्ष नेताओं ने अपनी संवेदनाएँ इस प्रकार प्रकट कीं–

'हम चुनौती स्वीकार करते हैं'

"नन्हा दीप बुझ गया, हमें अपने जीवन-दीप जलाकर अंधकार से लड़ना होगा।

सूरज छिप गया, हमें तारों की छाया में अपना मार्ग ढूँढ़ना होगा।

हमारा मित्र, सखा, नेता और मार्गदर्शक चला गया, हमें उनकी पवित्र-स्मृति को हृदय में सँजोकर ध्येय-पथ पर आगे बढ़ना होगा।

पण्डित जी का जीवन एक समर्पित जीवन था। शरीर का कण-कण और जीवन का क्षण-क्षण उन्होंने राष्ट्रदेव के चरणों में चढ़ा दिया था।

संपूर्ण देश उनका घर था, सारा समाज उनका परिवार। उनकी आँखों में एक ही सपना था, उनके जीवन का एक ही व्रत था।

राजनीति उनके लिए साधन थी, साध्य नहीं। यह मार्ग था, मंजिल नहीं। वे राजनीति का आध्यात्मिकरण चाहते थे। वे भारत के उज्ज्वल अतीत से प्रेरणा लेते थे तथा उज्ज्वलतर भविष्य का निर्माण करना चाहते थे। उनकी आस्थाएँ सदियों पुराने अक्षय राष्ट्रजीवन की जड़ों से रस ग्रहण करती थीं, किंतु वे रूढ़िवादी नहीं थे। भविष्य के निर्माण के लिए वे भारत को समृद्धिशील आधुनिक राष्ट्र बनाने की कल्पना लेकर चले थे।

वे महान चिंतक थे। चिंतन के क्षेत्र में वे बँधे-बँधाए रास्ते से चलने के हामी नहीं थे। इसलिए उन्होंने भारतीय जनसंघ को ऐसा विकसित किया जो अतीत की गौरव गरिमा को लेकर चलता है और जो आने वाले कल की चुनौती का सामना करने के लिए भी सन्नद्ध है। आज जनसंघ जो कुछ है, वह सब उन्हीं की देन है।

उन्हें कभी किसी पद ने मोहित नहीं किया। वे संसद के सदस्य नहीं थे, लेकिन संसद-सदस्यों के निर्माता थे। उन्होंने कभी पद नहीं चाहा। बड़ी मुश्किल से उन्हें अध्यक्ष पद का भार सँभालने के लिए तैयार किया गया था। उन्होंने प्रेरणा दी कि चलो विन्ध्याचल के पार कन्याकुमारी पर जहाँ भारत माता के चरणों को सिंधु धो रहा है, भारत की एकता का जागरण मंत्र फूँकें। उनके नेतृत्व में हमने भारत की एकात्मकता को गुँजाने का संकल्प किया। कालीकट अधिवेशन हुआ। हम वहाँ गए। उनकी अध्यक्षता से अधिवेशन सफल हुआ। लोगों ने कहा कि जनसंघ ने कार्यसिद्धि का ऐतिहासिक दृश्य उपस्थित किया। जनता की आँखें आशा और विश्वास के साथ उन पर जा लगी थीं, देश-विदेश के लोगों ने कहा कि कालीकट में जनसंघ ने नया रूप धारण किया है, परंतु जनसंघ ने नया रूप नहीं धारण किया—देखने वालों की आँखों में बदलाव आया था। उन्हीं आँखों में कुछ आँखें ऐसी थीं जिनमें पाप था; जलन थी; जिनमें हिंसा की चिंगारी सुलग रही थी, उन आँखों को यह दृश्य चुभा और उन्होंने आज पंडित दीनदयाल जी को हमसे विलग कर दिया। किन परिस्थितियों में उनकी मृत्यु हुई कोई विश्वासपूर्वक नहीं कह सकता। जाँच हो रही है, किंतु जिसके इशारे पर लाखों लोग जान देने के लिए तैयार थे, सन्नद्ध थे, उसे रात के अँधेरे में अपने अनुयायियों से दूर, देशवासियों से पृथक् मौत की गोद में ढकेल दिया। यह घाव सदा हरा रहेगा, यह काँटा हमारे हृदय में सदैव कसकता रहेगा।

पंडित जी जिस कार्य के लिए जन्मे, जिये और जूझे, उसी के लिए हौतात्म्य (शहादत) स्वीकार कर उन्होंने अपना जीवनव्रत पूर्ण कर लिया। परंतु उनका स्वप्न अभी अधूरा है। उनका कार्य अभी अपूर्ण है। उनके जीवन पर किया गया आक्रमण राष्ट्रीयता पर आक्रमण है। उनके शरीर पर लगी हुई चोटें लोकतंत्र पर किए गए प्रहार हैं। हम राष्ट्रविरोधियों और लोकतंत्र के शत्रुओं की इस चुनौती को स्वीकार करते हैं।

उपाध्याय जी को हमसे छीनकर जो लोग यह समझते हैं कि जनसंघ की प्रगति को रुद्ध कर देंगे, वे न ही उपाध्याय जी को पहचान पाए और न वे यही जानते हैं कि हम उनके अनुयायी किस मिट्टी के बने हैं।

उपाध्याय जी का कार्य व्यक्तिनिष्ठ नहीं; तत्त्वनिष्ठ था। उन्होंने

सदैव आदर्शों पर बल दिया और सिद्धांतों के लिए जीना सिखाया। उनके वियोग में व्यथित होकर न हम अपने होश-हवास गुम होने देंगे, और उनके देहावसान के दारुण दुःख से उत्पन्न अकर्मण्यता को ही अपने ऊपर हावी होने देंगे। हमें स्वयं को पंडित जी का योग्य उत्तराधिकारी सिद्ध करना है। हमें उनके ऋण को चुकाना है।

आइए, पंड़ित जी के रक्त की एक-एक बूँद को माथे का चंदन लगाकर ध्येय पथ पर अग्रसर हों। उस चिता से निकली हुई एक-एक चिंगारी हृदय में धारण कर परिश्रम की पराकाष्ठा और प्रयत्नों की परिसीमा करें। इस नव दधीचि की अस्थियों का वज्र बनाकर आधुनिक वृत्रासुरों पर टूट पड़ें और इस पवित्र भूमि को निष्कंटक बनाएँ।

पंडित जी अब नहीं रहे, किंतु उनका कार्य अभी शेष है। उनके द्वारा निर्दिष्ट के लिए स्वयं को समर्पित कर हम उनके प्रति सच्ची श्रद्धांजलि अर्पित कर सकते हैं।"

–श्री अटल बिहारी वाजपेयी

'यद्यपि एक के बाद एक आगे आता रहेगा'

"मन में बड़ा विषाद छा गया है। क्या हुआ होगा और किस प्रकार से यह मर्मवेधी घटना घटी होगी, इसका तो पता लगाने वाले लगाएँगे। कुछ भी पता लगे, अपने संघ का एकनिष्ठ कार्यकर्ता उठ गया। जीवन के यौवन में आगे अनेक प्रकार से कार्य करने की क्षमता उनकी बढ़ती ही जा रही थी, परंतु अब उस समृद्ध क्षमता का लाभ प्राप्त होने की संभावना नहीं रही। दो-तीन दिन पहले मैं मिला था। बड़े आनन्द और प्रेम से बातचीत हुई थी। मैंने पूछा था कि 'तुम्हारा आगे क्या कार्यक्रम है? कहाँ मिलोगे?' उन्होंने कहा कि 'मैं पटना जा रहा हूँ। कुछ दिन बाद कानपुर में मिलूँगा।' पटना पहुँचने के पूर्व ही यह कांड हो गया।

बाल्यकाल अर्थात् छात्रजीवन से ही स्वयंसेवक के नाते जो अपने कर्तव्य का बोध प्राप्त कर लेते हैं और समग्र जीवन की शक्ति संघ-कार्यार्थ ही समर्पित करने वाले जो थोड़े-से लोग रहते हैं, उनमें उनका बड़ा स्थान था। संघ के स्वयंसेवक से अपेक्षा रहती है कि वह अपने अंदर स्वयंसेवक के सब गुण कायम रखे, अपने संगठन का ध्यान रखे, तथा उसके भिन्न-भिन्न कार्यक्रमों की महत्ता को हृदय में जाग्रत

रखकर उनमें सम्मिलित होता रहे, और उसे यदि अन्य कोई काम भी करने के लिए दिया जाए, तो वह परिश्रम से निभाये, वह कार्य किसी भी क्षेत्र का क्यों न हो। उनको (दीनदयाल जी को) राजनीति में काम करने के लिए कहा गया और उन्होंने वह किया। कितनी योग्यता से किया, उसकी कल्पना कुछ लोगों को होगी; परंतु यदि अब यह कहा जाए कि अब भारतीय जनसंघ के नाम से देश में जो राजनीतिक संगठन खड़ा है, वह उनकी योजनाबद्ध परिश्रमशीलता का ही परिणाम है, तो अत्युक्ति न होगी। जनसंघ में बहुत-से लोग बोलने वाले रहे, बहुत-से दौड़धूप करने वाले रहे, बहुत-से केवल शोभा देने वाले रहे, परंतु नींव के पहले पत्थर से काम प्रारम्भ करके इतनी ऊँची मर्यादा तक कार्य पहुँचाने का श्रेय यदि विशेषत: किसी व्यक्ति को है, तो उन्हीं को देना पड़ेगा।

वे उसके सर्वोच्च पद पर भी पहुँचे। यद्यपि मेरी इच्छा नहीं थी कि वे अध्यक्ष पद ग्रहण करें और उनकी भी इच्छा नहीं थी। मुझे उनसे कहना पड़ा था कि थोड़े समय के लिए, साल भर के ही लिए, आप धर्म के रूप में अध्यक्ष पद स्वीकार कर लो। इसलिए उन्होंने इस पद को स्वीकार किया; नहीं तो वे स्वीकार करने वाले नहीं थे। उन्हें मान-मान्यता अथवा पद की लिप्सा नहीं थी और इसलिए उनके मन में अध्यक्ष पद स्वीकार करने की बिल्कुल इच्छा नहीं थी। मैं भी नहीं चाहता था, परंतु किसी-न-किसी परिस्थिति के कारण मुझे भी एक प्रकार से बाध्य होकर उन्हें पद ग्रहण के लिए कहना पड़ा था, और मेरे कहने के कारण, स्वयंसेवक जिस तरह निर्देश आदेश का पालन करता है, इसी नियम के अनुसार उन्होंने उसका पालन किया।

उनकी अध्यक्षता के समय थोड़े दिनों में ही जनमानस के ऊपर बड़ा अच्छा परिणाम दिखाई पड़ा। बड़े-बड़े विरोधी भी सोचने लगे कि अंततोगत्वा देश की बागडोर संभालने वाला यही राजनीतिक (जनसंघ का) कार्य है। कुछ लोग यह भी कहने लगे कि इसके पीछे राष्ट्रीय स्वयंसेवक संघ की जो शक्ति है, वह व्यक्ति के रूप में मूर्तिमान खड़ी है।

ऐसा दिखाई देता है, जनसंघ का निर्माण कुछ बड़ी ही कठिन स्थिति में हुआ है। उसका भाग्य खराब है। पहले उसके अध्यक्ष डॉ. श्यामाप्रसाद मुखर्जी थे, उनकी एक प्रकार से राजनीतिक हत्या हुई।

फिर उसके बाद बड़े भाग्य से डॉ. रघुवीर प्राप्त हुए। वे भी बड़े योग्य पुरुष थे। उनके कारण विदेशों में भी इस राजनीतिक क्षेत्र का बोलबाला हो सकता था और प्रभाव निर्माण हो सकता था, किंतु थोड़े ही दिनों में उनका अपघात हो गया और इसके बाद सर्वांग-परिपूर्ण कार्य करने वाला जो अध्यक्ष (दीनदयाल जी) प्राप्त हुआ, वह अब इस प्रकार गया।

मैं काशी गया था, उनके शरीर को देखने के लिए। विमान से शरीर को विदा करने के बाद यहाँ आया; परंतु मैंने आँसू नहीं बहाए। कुछ पता नहीं लोगों ने मेरे बारे में क्या समझा होगा। अपने पुराने सुभाषितों में यह वचन आता है कि 'जो कार्यार्थी है, वह दुःख और सुख इन दोनों को अवहेलित करके काम करता है–'मनस्वी कार्यार्थी गणयति न दुःखम् न च सुखम्।' भगवत्कृपा से मेरे मन की शायद ऐसी ही कुछ स्थिति बन गई है और मैं उसको पचाकर चलने के लिए प्रस्तुत हुआ हूँ। अब दूसरा कोई भी उतनी योग्यता से कार्य उठाने के लिए आगे नहीं आएगा, ऐसी कोई बात नहीं है। कार्य बड़ा है, संगठन का कार्य है, अनेक कार्यकर्ताओं की परम्परा विद्यमान है, जो एक के बाद एक आगे आते रहेंगे। कोई स्थान रिक्त नहीं रहेगा और मुझे पूर्ण आशा है कि ऐसा ही होगा। इस संबंध में अधिक नहीं बोलता। जितना बोलूँ थोड़ा ही है। सहना तो पड़ेगा ही।

इतना बोलने के लिए भी मन के ऊपर नियंत्रण रखने में बहुत परिश्रम करना पड़ा। ईश्वर की कृपा से नियंत्रण रख सका। उसका परिणाम शरीर की थकावट के रूप में बहुत अधिक हुआ। मैं प्रत्यक्ष करुण दृश्य देखकर आया हूँ, इसलिए सोचा कि इसका उल्लेख सबके सामने कर दूँ।

हममें से प्रत्येक यह अनुभव करे कि उनकी जैसी सर्वांग परिपूर्ण योग्यता अपने अंदर भी आवे। उनकी तरह दायित्व निभाने की योग्यता हर एक को बढ़ानी चाहिए। मेरे कहने का यह अर्थ नहीं लगाना चाहिए कि मैं सब लोगों को राजनीतिक क्षेत्र की ओर अपना झुकाव करने के लिए कह रहा हूँ। वस्तुतः झुकाव तो बिल्कुल होना ही नहीं चाहिए। जिस व्यक्ति का मैंने यहाँ उल्लेख किया, उसका राजनीतिक क्षेत्र की ओर कतई झुकाव नहीं था। पिछले वर्षों में, कितनी ही बार मुझसे उन्होंने कहा–"किस झमेले में मुझे डाल दिया। मुझे फिर से अपना

प्रचारक का काम करने दें।" मैंने कहा–"भाई, तुम्हारे सिवाए इस झमेले में किसको डालें? संगठन के कार्य पर जिसके मन में इतनी अविचल श्रद्धा और दृढ़ निष्ठा है, वही उस झमेले में रहकर, कीचड़ में भी कीचड़ से अस्पृश्य रहता हुआ सुचारु रूप से वहाँ की सफाई कर सकेगा, दूसरा कोई नहीं कर सकेगा। इसलिए मैंने कहा कि उधर (राजनीतिक क्षेत्र) की ओर अपना झुकाव करने के लिए मैं किसी को नहीं कह रहा।"

–श्री माधवराव सदाशिवराव गोलवलकर 'गुरुजी'

'हे सहयोगी हुतात्मा!'

"मेरे सहयोगी! श्रद्धांजलि स्वीकार करो। तुम्हारे जीते जी, कभी प्रशंसा के दो शब्द नहीं कहे होंगे, लिखना तो दूर रहा। कालीकट के अधिवेशन में जब तुम जनसंघ के अध्यक्ष बने, एक बार सोचा था कि तुम्हारा मित्र और निकट सहयोगी होने के नाते मैं तुम्हारे गौरवांवित होने पर दो शब्द प्रशंसा के लिए लिखूँ। परंतु तत्काल विचार आया कि अपने बीच यह औपचारिकता जैसी बात होगी और यह तुम्हें अच्छा नहीं लगेगा। मैंने लिखने का विचार छोड़ दिया। अब मेरे शब्द सुनने के लिए तुम नहीं हो, इसे पढ़ नहीं सकोगे। इसलिए अश्रुपूर्ण नयनों से श्रद्धांजलि समर्पित कर रहा हूँ। अढ़ाई वर्ष पूर्व, जिनके स्नेहपूर्ण मार्गदर्शन में मैं कार्य कर सका, वे भय्याजी दाणी चले गए। आज क्रूर काल ने संघकार्य का मेरा निकटस्थ साथी, सहयोगी छीन लिया।

जुलाई 1937 में मैं संघकार्य व पढ़ने के लिए लखनऊ आया और मेरी तुम्हारी भेंट उसी वर्ष के अंतिम दिनों में कानपुर में हुई। मकर-संक्रान्ति पर जब तुम उस वर्ष कानपुर शाखा के प्रथम स्वयंसेवक बने, तबसे निरंतर स्नेह-मित्रता बढ़ती गई। तुम सन् 1939 में कानपुर में पढ़ाई समाप्त कर एम.ए. करने के लिए आगरा गए। मेरी पढ़ाई समाप्त हो चुकी थी, मैं तुम्हारे पीछे-पीछे आगरा चला आया। आगरा में संघकार्य का प्रथम प्रयास तुम्हारा ही रहा। आगरा से तुम पढ़ने के लिए प्रयाग आए, एल. टी. की पढ़ाई करने। हमारा संबंध बढ़ता ही गया और शिक्षा समाप्त कर तुम संघ-कार्यार्थ निकल पड़े। बिना कुछ बोले। भगवान् ने तुम्हें इसी निमित्त तो जन्म दिया था।

संघ के उन प्रारम्भिक दिनों में जब कार्य अत्यंत कंटकाकीर्ण था–उस समय तुम इस कार्य के लिए चल निकले। तब संघ कार्य के विचारों को उत्तर प्रदेश में कोई जानता नहीं था। तुमने स्वयंसेवक के नाते इस कार्य की धुरी अपने कंधों पर उठा ली। उत्तर प्रदेश के संघकार्य की नींव में तुम ही हो। आज का यह संघ रूप तुम्हारे ही परिश्रम का, तुम्हारे कर्तव्य का फल है। अनेक संघ-कार्यकर्ता तुम्हारे जीवन से प्रेरणा लेकर चल रहे हैं इस मार्ग पर। अपने जीते जी तुम इसी मार्ग पर चलने के लिए अनेक लोगों को प्रोत्साहित करते रहे और आज मरकर भी तुम करोड़ों देशवासियों को प्रेरणा देते रहोगे–इसी कर्तव्य पथ पर चलने के लिए।

संघ संस्थापक के मुख से आदर्श स्वयंसेवक के गुणों पर भाषण सुना था, तुम उसके मूर्तिमंत प्रतीक थे। प्रखर बुद्धिमता, असामान्य कर्तव्य, परंतु निरंहकार, नम्रता के आदर्श। आश्चर्य लगता था तुम्हारे प्रगल्भ विचार और चिंतन की गम्भीरता पर, परंतु इसके साथ ही तुम्हारा सादा सरल जीवन बड़ा ही मनोहारी संगम था उन सब बातों का, जो संघ के प्रत्येक स्वयंसेवक के जीवन में सतत साधना के विषय माने जाते हैं। असामान्य कर्तव्य कला के तुम धनी थे, परंतु भाषणबाजी का अभिमान कहीं छू भी नहीं पाया था। तुम उच्चकोटि के लेखक थे, किंतु अपनी डिमडिम बजाने से दूर-दूर, बहुत दूर। तुमने राजनीति के क्षेत्र में प्रवेश किया, नेता बने, मालाएँ पहनीं, जय-जयकार सुनी, फोटो देखे, सम्पूर्ण देश में प्रसिद्धि प्राप्त की, किंतु तुम सदैव बने रहे एक 'आदर्श स्वयंसेवक'। राजनीति तुम में कभी प्रवेश नहीं कर पाई। राजनीति की वीरांगना तुम्हारी निर्मल पवित्रता के कारण तुम्हें छू सकने का साहस न कर सकी, राजनीति का नशा तो बहुत दूर की बात थी।

गीता में मैंने सात्त्विक गुणों का वर्णन पढ़ा है। दैवी सम्पदा की बातें सुनी हैं। अनासक्त, निष्काम कर्मयोगी आदि शब्द कान पर आते रहे, परंतु उनका प्रत्यक्ष रूप आचरण तुमने चरितार्थ किया। शुद्ध चरित्र, देशभक्ति, लोक-संग्रही, समाज के सुख-दुःख के साथ एकरूप होने वाला विशाल हृदय। सचमुच तुम्हारे समान तुम ही थे।

विचार आता है अपने संघ के पूज्य आद्य सरसंघचालक का। कुछ बातों में कितना विलक्षण साम्य दिखाई पड़ता है। उनके ही समान तुम्हारे

भी बाल्यकाल में माता-पिता तुम्हें छोड़कर चले गए। उनका जन्म भी दारिद्रय में हुआ और तुम्हारा भी, परंतु उनके समान ही तुमने भी स्वावलम्बन से श्रेष्ठ शिक्षा प्राप्त की। विद्यार्थी जीवन में ही राष्ट्रसेवा का व्रत ग्रहण किया और धन, सुख परिवार–सब प्रकार की मोहमाया को त्यागकर राष्ट्रदेवता के चरणों पर तुमने भी अपने को समर्पित कर दिया। संघ-संस्थापक पूज्यनीय डॉक्टर जी लगातार 15 वर्ष संघ कार्य करते-करते उसी परिश्रम से अपने शरीर को गलाकर चले गए। तुमने राजनीति के क्षेत्र में–जनसंघ के क्षेत्र में, जनसंघ के निर्माण के लिए, पंद्रह वर्ष तिल-तिल जलकर आत्माहुति दे दी। पूजनीय डॉक्टर जी 51 वर्ष समाप्त कर गए और तुम भी इसी आयु में इहलोक छोड़कर चले गए। तुम उनके सच्चे अनुयायी बने। राष्ट्र-समर्पित जीवन की उपलब्धि के शीर्षबिन्दु से तुम्हें अब कोई हटा नहीं सकेगा। तुम्हारा बलिदान वहाँ से सतत् अनेक अंत:करणों को ज्योतित करता रहेगा। आज समाज तुम्हारे श्रेष्ठत्व को कितना आँक सकेगा? किंतु यह निश्चित है कि भावी इतिहास–तुम्हारे विचार और कार्य को इस देश में तेजस्वी और शक्तिशाली रूप में देखेगा और महापुरुषों की श्रेणी में तुम्हारा मूल्यांकन होगा। स्वामी दयानंद, स्वामी श्रद्धानंद, महात्मा गांधी आदि की हौतात्म्य-मालिका से तुम भी गूँथे जाओगे। देश तुम्हारा सम्मान करेगा।

राजनीति के क्षेत्र में व्यक्ति और नीति के संबंध में कठोरतापूर्वक स्पष्ट आलोचना सुनने वाला तुम्हारे जैसा कौन होगा? वैसा मित्र अब नहीं रहा। तुम्हारे जैसी सब कुछ सहन करने की शक्ति बहुत विरल पाई जाती है। संघ-क्षेत्र की समस्या, उलझनें और उनका विश्लेषण करने के लिए साथी के नाते भी तुम्हारे जैसा कहाँ ढूँढूँगा? बस, अब सबकुछ मौन हो गया। मौन ही कर्तव्य पथ पर चलना होगा, बढ़ना होगा।

अब नागपुर की संघ-बैठकों में तुमसे भेंट नहीं होगी। अव्यवस्थित अस्त-व्यस्त बिखरा हुआ सामान, रात्रि में देर तक जागने वाला और इसी कारण देरी से प्रात: उठने वाला 'निकट' का स्थान रिक्त रहेगा। 'पंडित जी, चाय तैयार है, उठो!' चिल्लाने वाला मैं अब सदैव मौन रहूँगा। भोजन के समय तुम नहीं दिखाई देते थे, तब 'अरे! पंडित जी को स्नानगृह में ढूँढ़ो' कहने वाला मैं और मेरे बाल-विनोद अब समाप्त हो

गए। केन्द्रीय बैठक में किसी भी प्रश्न पर पक्ष-उपपक्ष दोनों का विचार करते चलने की तुम्हारी परिपाटी और उस कारण तुम्हारे 'खर' शब्द पर हुए सबके हास्य-विनोद, वे सब मधुर व्यंग्य अब केवल स्मृति के विषय बन गए हैं। और साथ ही लखनऊ में अकस्मात भेंट होने पर सहज होने वाले आमोद-प्रमोद के कार्यक्रमों का साथी छूट गया।

तुम्हारे लेख, वाणी, वार्तालाप सब-सब सदैव के लिए समाप्त हो गए। हे सहयोगी हुतात्मा! मेरा प्रणाम स्वीकार करो और कर्तव्य पथ पर चलने वाली सतत् प्रेरणा शक्ति देते रहो, यही नम्र प्रार्थना है।"

–श्री भाऊराव देवरस

'हत्यारी दुर्भावनाओं को रौंदते हुए हम आगे बढ़ेंगे'

"गत दिसम्बर मास में पं. दीनदयाल उपाध्याय जी जनसंघ के अध्यक्ष बने, उसके बाद मुझे महामंत्री का कार्य सौंपा गया, किंतु उनकी अनुपस्थिति में मुझे किस पद पर रहना है और क्या कार्य करना है इसका विशेष अंतर नहीं था। उनके स्नेह की छत्रछाया में और उनके मधुर संबंध की प्रेरणा से उनके मार्गदर्शन में हम सबने कार्य किया है। डॉ. श्यामाप्रसाद मुखर्जी ने जनसंघ के मंच की स्थापना की और पंडित दीनदयाल जी ने उसकी प्राण-प्रतिष्ठा की। जनसंघ के विचारों को उन्होंने मंच रूप में हमारे सामने रखा। राजनीति के क्षेत्र में उत्तेजना और आंदोलनों के वशीभूत भटकाव आना स्वाभाविक माना जाता है। पण्डित दीनदयाल जी ने सुदृढ़ सिद्धांत-पक्ष उपस्थित किया, जिसमें राजनीति अपने मार्ग में मर्यादा विहीन न हो सके। इन सिद्धांतों के आधार पर समय-समय पर विभिन्न कठिनाइयों एवं समस्याओं से जूझने के लिए उन्होंने मार्गदर्शन किया। भारतीय जनसंघ उन सिद्धांतों के लिए बना है। उसी कसौटी पर हर एक प्रश्न पर निर्णय देने का नियम बनाया गया है। पंडित जी द्वारा निर्मित यह नियम-परम्परा उनके जाने के बाद भी स्थायी धरोहर के रूप में विद्यमान है। 'एकात्म मानवतावाद' का मंत्र जो पंडित जी ने हमें दिया है, हमारे लिए प्रकाशपुंज है। समाज के सभी वर्गों को साथ लेकर उनके हितों की चिंता करते हुए इस देश की नीतियाँ बनाई जाएँ, उन्होंने जनसंघ के विचारों के मूल में यही बात रखी।

इन महत्वपूर्ण विचारों को कार्यकर्ताओं के समक्ष रखने की उनकी पद्धति भी अनूठी थी। लाखों अनुयायी देश में ऐसे हैं जो केवल इसलिए कि यह बात श्री दीनदयाल जी ने कही है, मान लेने के लिए सदैव तैयार रहते थे। कार्यकर्ताओं का ऐसा विश्वास उन्हें प्राप्त था। किंतु उन्होंने उस विश्वास का उपयोग कभी अपनी बात मनवाने के लिए नहीं किया। न कभी आग्रह किया। बहुधा राजनीति के क्षेत्र में बहुमत की बात कही जाती है, किंतु पंडित जी जो प्रत्येक कार्यकर्ता को समझने तथा समझाने का प्रयत्न करते थे। एक भी कार्यकर्ता क्यों न हो, विभिन्न उदाहरण देकर पूरी कोशिश के साथ उनकी सब शंकाएँ निर्मूल करने के लिए प्रयत्नशील रहते थे। पंडित जी प्रत्येक कार्यकर्ता की भावना को समझते थे। उनकी भावना का आदर करते हुए उन शब्दों का चयन करते थे कि वह निश्चय कार्यकर्ताओं को सामूहिक निश्चय प्रकट होता था। इसी कारण ऐसा होता था कि कार्यकर्ता अपनी बात उनके सामने रखकर निश्ंचित हो जाता था। वे जैसा चाहे उन भावनाओं को शब्दों का रूप देते थे। इसी पद्धति से संभवत: कुछ लोगों को ऐसा लगा कि यदि पंडित दीनदयाल जी नहीं रहेंगे, तो यह संगठन गूँगा पड़ जाएगा। यह बात भी सच है कि हम सबने उन पर बहुत बोझ डाल रखा था वे संगठन की माँ बने थे।

उन पर सब कुछ सौंपकर हम भी कुछ आलसी बन गए थे। कार्य की सब प्रकार की चिंता करते हुए पण्डित दीनदयाल जी नित्य परिश्रम में रत रहे। पंडित जी का स्वास्थ्य, शरीर इन कारणों से किस प्रकार पीड़ित होता था। यह सब देखने का दुर्भाग्य हमें मिला है। किंतु उन्होंने कभी चेहरे पर शिकन नहीं आने दी। अधिवेशनों में, बैठकों में अथवा कार्यकर्ताओं के साथ वार्तालाप करते समय कब किस बात के लिए समय मिलेगा, इसका भी ध्यान नहीं रहता था। स्नान, भोजन भी ठीक समय पर नहीं हो पाता था। बड़ी-बड़ी गंभीर समस्याओं से लेकर संगठन के छोटे से छोटे पहलू पर भी उनकी दृष्टि रहती थी। छोटे से छोटा कार्यकर्ता और साधारण सदस्य के सहयोग तक को वे ध्यानपूर्वक देखा करते थे। उनकी छोड़ी हुई इस कड़ी को हमें आगे बढ़ाना है। जिनके दिमाग में यह धारणा बैठ गई है कि इस संगठन के शीर्ष बिन्दु

पर बैठे व्यक्ति को चोट पहुँचाकर वे इसे तहस-नहस कर सकेंगे, उनकी दुर्भावनाओं को रौंदते हुए हम आगे बढ़ेंगे।

संगठन पर भीषण आघात हुआ है और उनकी निर्मम हत्या से हमारा मार्गदर्शक छिन गया है, किंतु पंडित दीनदयाल जी ने जिस कुशलता तथा परिश्रम से इस संगठन के तंत्र की रचना की है, जो स्वस्थ सुदृढ़ परम्पराएँ निर्माण की हैं, उनके आधार पर हम कह सकते हैं कि हम आततायियों के कुटिल मंसूबों को विफल कर देंगे। यह निश्चय चारों ओर गुंजाना हमारी उनके प्रति श्रद्धांजलि है।"

–सुंदरसिंह भंडारी

'उनकी राख से सैकड़ों दीनदयाल पैदा होंगे'

"मनुष्य मरणधर्मा है। हम सभी की मृत्यु एक-न-एक दिन होनी है। किंतु श्री दीनदयाल जी की मृत्यु ने हम सभी को मृत बना दिया है। श्री दीनदयाल जी के अभाव की कल्पना करना ही हम सबके लिए कठिन है।

श्री दीनदयाल जी हम सबके प्रिय थे। यदि दीनदयाल जी बीमार पड़े होते, तो हज़ारों में उनकी सेवा करने की होड़ लग जाती। यदि उन्हें रक्त की आवश्यकता पड़ती, तो हज़ारों लोगों में रक्तदान की होड़ लग जाती। यदि उनका जीवन खतरे में है, पता लगता तो हज़ारों लोग उनकी रक्षार्थ अपना जीवन चढ़ाने को तत्पर हो जाते, किंतु वे हमको सेवा का कोई भी अवसर दिए बिना ही चले गए। हमारा कष्ट और दर्द असहनीय है।

1937 में जब वे संघ के स्वयंसेवक बने तब से मेरा उनसे परिचय था। उनमें अनेक गुण विद्यमान थे और समय के साथ-साथ उनके गुण प्रकट होते जा रहे थे। श्री दीनदयाल जी प्रतिभा के पुंज थे, साधना की मूर्ति थे। जब रात्रि में सब सो जाते थे, तब वे लिखना और पढ़ना आरम्भ करते थे और यह क्रम देर तक चलता रहता।

उपाध्याय जी ऐसे महान थे कि सभी उनसे प्रेम करते थे और सभी उनकी प्रशंसा करते थे। जैसा कि उनके विषय में श्री नाथ पै ने सार्वजनिक शोकसभा में गीता का उदाहरण प्रस्तुत किया था– "लोग उनकी प्रशंसा करते हैं, जिनके मन में किसी के विरुद्ध कोई

बात नहीं होती, जो भय द्वेष और आत्मप्रशंसा से परे होता है और ऐसा ही प्राणी मुझ (भगवान्) को भी प्रिय होता है।" श्री दीनदयाल जी ऐसे ही प्राणी थे।

श्री दीनदयाल जी को देखकर मुझे किसी अन्य की नहीं, अपितु संघ के संस्थापक डॉ. हेडगेवार की स्मृति हो आती है, जिनकी ईमानदारी से सभी प्रभावित होते थे और हम सब एक चुंबक की भाँति उनके प्रति खिंचते चले जाते थे। श्री उपाध्याय जी भी ऐसे ही थे।

मेरा गत 30 वर्षों से उनके साथ घनिष्ट परिचय था। इस अवधि में मैंने कभी उनको यह कहते नहीं सुना कि उन्होंने यह किया है और वह किया है। अहंभावना या 'मैं' शब्द का प्रयोग उन्होंने शायद ही कभी किया हो। इस संसार में उनका निजी सामान था–उनका बिस्तर, कुछ कपड़े और पुस्तकें। वे न तो अपने विषय में ही कुछ बोलते थे और न वे किसी की बुराई ही करते थे। वे तो गुणों के सागर थे।

ऐसे महामानव का तिरोहित होना राष्ट्रीय स्वयंसेवक संघ, जनसंघ और देश पर एक क्रूर आघात है। किंतु हम केवल चीत्कार करते हुए हाथ पर हाथ रखकर नहीं बैठे रह सकते। डॉ. हेडगेवार भी इसी आयु में स्वर्ग सिधारे थे। उस समय कुछ लोगों ने सोचा था कि डॉ. साहब की मृत्यु के बाद संघ समाप्त हो जाएगा। किंतु संघ जीवित रहा और आज भी जीवमान है। इसी प्रकार श्री दीनदयाल जी के निधन से जनसंघ को कोई धक्का नहीं पहुँचने दिया जा सकता।

श्री दीनदयाल जी एक स्वयंसेवक थे और उनकी प्राथमिक निष्ठाएँ संघ के प्रति ही थीं। दीनदयाल जी विभिन्न प्रांतों के उन कुछ कार्यकर्ताओं में से थे, जिन्हें डॉ. हेडगेवार से भेंट करने तथा उनसे प्रेरणा लेने का सौभाग्य प्राप्त हुआ था। डॉ. हेडगेवार कहा करते थे कि एक अच्छा स्वयंसेवक वह नहीं है, जिनके बिना संघकार्य चल ही नहीं सकता। एक अच्छा स्वयंसेवक तो वह है जो अपने जैसे अन्य अच्छे स्वयंसेवकों का निर्माण करता है। उनके अभाव में भी कार्य चलाया जा सकता है। अच्छा स्वयंसेवक वह नहीं है, जिसने स्वयं को ही मुख्य बिंदु बना लिया है, अपितु वह है जो इस केंद्र बिंदु को विकीर्ण कर सकता है। दीनदयाल जी के जीवन का आदर्श यही था। सारे देश में उन्होंने

कार्यकर्ताओं को नेता बनाया था। दीनदयाल जी की राख से सैकड़ों दीनदयाल उत्पन्न होंगे।

यदि जनसंघ कार्यकर्ताओं ने यह विचार किया कि किसी विशेष परिस्थिति में पंडित जी ने क्या कहा था और क्या किया था, तो वे कभी गलती नहीं कर सकते हैं।

–श्री बालासाहब देवरस

इस तरह पंडितजी के प्रति सभी ने अपनी–अपनी संवेदनाएँ प्रकट कीं, श्रद्धांजलियाँ अर्पित कीं।

जनसंघ का संगठनकर्ता, मार्गदर्शक चिरनिद्रा में लीन हो गया था। अब क्या कोई ऐसा दूसरा दीनदयाल जनसंघ को पुनः मिल पाएगा। यह विचार जनसंघ के लोगों के मन में कौंधने लगा था। यह सर्व सत्य है कि जनसंघ को वैसा व्यक्तित्व मिल पाना कठिन था किंतु असंभव नहीं था क्योंकि दीनदयाल की प्रेरणा उनके बताये मार्ग पर चलकर उनका सा बना जा सकता है। बस आवश्यकता है तो उनके बताये मार्गों पर चलने की क्योंकि किसी भी महापुरुष की क्षति की पूर्ति तो नहीं की जा सकती लेकिन हाँ, उनके आदर्शों को, उनके बताये मार्गों को अपनाकर उनकी कमी को एक तरह से भरा जा सकता है। और यही उस महापुरुष के प्रति सच्ची श्रद्धांजलि हो सकती है।

पं. दीनदयाल उपाध्याय जैसे महापुरुष की क्षति वास्तव में देश के लिए भी अपूर्णीय क्षति थी।

•••

4

वह स्याह रात

पंडित दीनदयाल जी की हत्या का रहस्य तो अभी तक उजागर नहीं हो सका है, लेकिन उनकी हत्या से संबंधित तथ्य काफी चौंकाने वाले हैं।

संसद का बजट सत्र प्रारम्भ होने वाला था। भारतीय जनसंघ के संसदीय दल की बैठक 11 फरवरी 1968 के दिन दिल्ली में होनी निश्चित हुई थी। पं. दीनदयाल जी लखनऊ में अपनी धर्म बहन श्रीमती लता खन्ना के यहाँ थे। 10 फरवरी 1968 को प्रात: 8 बजे श्री अश्विनी कुमार ने, जोकि बिहार प्रदेश जनसंघ के संगठन मंत्री थे, लखनऊ में पं. दीनदयाल जी को फोन करके पटना में बिहार प्रदेश भारतीय जनसंघ की कार्यकारिणी की बैठक में सम्मिलित होने के लिए कहा। इस पर दीनदयाल जी ने कहा कि "दिल्ली में भी संसदीय दल की बैठक होनी है और यदि महामंत्री श्री सुंदरसिंह भंडारी जी ने इस बैठक में भाग लेने के लिए आग्रह नहीं किया तो मैं पटना आ सकता हूँ।"

अंत में पं. दीनदयाल जी पटना के लिए तैयार हुए और पठानकोट-स्यालदह एक्सप्रेस से उनके लिए पटना तक की प्रथम श्रेणी सीट आरक्षित करवा ली गई। इस रेल के प्रथम श्रेणी की बोगी में 'ए', 'बी', 'सी'–तीन कंपार्टमेंट थे। पं. दीनदयाल जी के लिए 'ए' कम्पार्टमेंट का टिकट आरक्षित था। इसी में एक अन्य सीट श्री एम. पी. सिंह के लिए आरक्षित थी। श्री एम. पी. सिंह भौगोलिक सर्वेक्षण के सहायक निदेशक थे। वे पटना में प्रशिक्षण के लिए जा रहे थे एवं

‘बी’ कम्पार्टमेंट श्री गौरीशंकर राय के लिए आरक्षित था जो उत्तर प्रदेश की विधान परिषद् के काँग्रेसी सदस्य थे। पं. दीनदयाल जी ने अपनी सुविधानुसार स्वयं की सीट श्री गौरीशंकर को एवं गौरीशंकर राय की सीट स्वयं ले ली थी।

इस यात्रा के समय पं. दीनदयाल जी ने धोती, खद्दर की बनियान, ऊपर से बिना बाँह का स्वेटर, उसके ऊपर पूरी बांह का स्वेटर, उसके ऊपर एक अन्य स्वेटर तथा इन सभी के ऊपर पश्मीना कुर्ता पहन रखा था। कुर्ते के ऊपर गर्म ऊनी जॉकिट पहन रखी थी। साथ ही उनके पास एक ऊनी शॉल भी था। उनके पास एक सूटकेस, बिस्तर एवं एक थैला था, जिसमें पुस्तकें थीं।

स्यालदह-पठानकोट एक्सप्रेस सायं 7 बजे लखनऊ से चलती थी। जब पं. दीनदयाल स्टेशन पहुँचे तो उत्तर प्रदेश के तत्कालीन उपमुख्यमंत्री श्रीराम प्रकाश गुप्त और तत्कालीन उत्तर प्रदेश विधान परिषद् के सदस्य श्री पीताम्बर दास के अतिरिक्त अन्य शुभचिंतक उन्हें विदाई देने आए थे।

यह रेलगाड़ी लखनऊ से चलकर बाराबंकी, फैजाबाद, अकबरपुर एवं शाहगंज स्टेशनों से होती हुई जौनपुर पहुँची। जौनपुर के महाराज ने अपने सेवक, जिसका नाम कन्हैया था, के साथ एक पत्र श्री दीनदयाल जी के लिए भेजा था। कन्हैया ने रात्रि के लगभग बारह बजे वह पत्र पंडित दीनदयाल जी को दिया। पंडित जी अपना पढ़ने वाला चश्मा कम्पार्टमेंट में छोड़ आए थे। अत: वे कन्हैया को लेकर अंदर गए; पत्र पढ़ा; फिर कहा ‘मैं शीघ्र ही उत्तर दूँगा।’ 12 बजकर 12 मिनट पर रेल चल दी। उन्होंने कन्हैया को विदा दी। यहाँ से चलकर यह गाड़ी वाराणसी होती हुई 2 बजकर 15 मिनट पर मुगलसराय स्टेशन के प्लेटफार्म संख्या एक पर रुकी। स्यालदह-पठानकोट एक्सप्रेस पटना तक नहीं जाती थी, अत: इस बोगी को आगे के लिए दिल्ली-हावड़ा के साथ जोड़ा जाता था। उस दिन भी जब यह ट्रेन वहाँ पहुँची तो इसकी शंटिंग की गई। यह बोगी दिल्ली-हावड़ा के साथ जोड़ दी गई। दिल्ली-हावड़ा गाड़ी 2 बजकर 50 मिनट पर मुगलसराय से चलकर लगभग 6 बजे प्रात:काल पटना स्टेशन पर

पहुँची। तब वहाँ कैलाशपति मिश्र जी उन्हें लेने आए। उन्होंने उस बोगी में देखा जिसमें पं. दीनदयाल जी को आना था। उसमें वे नहीं मिले तो उन्होंने सोचा कि सम्भवत: दीनदयाल जी दिल्ली संसदीय दल की बैठक में चले गए होंगे और वे वापस चले गए। यह रेलगाड़ी वहाँ से आगे चली और मुकामा स्टेशन पर पहुँची। उस स्टेशन पर किसी व्यक्ति ने इस बोगी के कम्पार्टमेंट 'बी' में सीट के नीचे एक लावारिस सूटकेस देखा। उसने वह सूटकेस रेलवे अधिकारियों को सौंप दिया। तब साढ़े नौ बजे थे। बाद में ज्ञात हुआ कि वह सूटकेस पं. दीनदयाल उपाध्याय का था।

इधर मुगलसराय जंक्शन पर 11 फरवरी के दिन प्रात: 3 बजकर 30 मिनट का समय हो रहा था। 'लीवर मैन' ईश्वरदयाल अपनी ड्यूटी पर था। टेलीफोन द्वारा सहायक स्टेशन मास्टर को जानकारी दी कि प्लेटफार्म से लगभग 150 गज पूर्व मेनलाइन से दक्षिण दिशा की और 1267 संख्या वाले बिजली के खम्भे से 3 फुट की दूरी पर लोहे एवं कंकड़ों के ढेर पर कोई निर्जीव व्यक्ति पड़ा हुआ है।

पुलिस केस होने के नाते सहायक स्टेशन मास्टर ने 3 बजकर 35 मिनट पर एक मीमो बनाकर रेलवे स्टेशन को प्रेषित किया। सहायक रेलवे मास्टर ने मीमो पर स्पष्ट लिखा–'Almost dead'

मीमो पाने के दस मिनट पश्चात् अर्थात् 3 बजकर 45 मिनट पर श्रीरामप्रसाद एवं अब्दुल गफूर नामक दो सिपाही उस शव के पास पहुँचे। श्री फतेहबहादुर वहाँ रेलवे पुलिस के दरोगा थे, वे वहाँ 4 बजे पहुँचे। वहाँ पता लगा कि दिगपाल नामक शंटिग पोर्टर ने यह शव सबसे पहले देखा। उस समय प्रात: के 3 बज रहे थे। उस समय गफूर नामक इंजन ड्राइवर शंटिग पर था एवं उसके साथ श्री किशोर मिश्र नामक सुरक्षा गार्ड भी था। दिगपाल ने किशोर मिश्र को शव के संबंध में बताया तब किशोर मिश्र ने लाइनमैन ईश्वरदयाल को सूचना दी। ईश्वरदयाल ने तुरंत सहायक स्टेशन मास्टर को सूचना दी और सहायक स्टेशन मास्टर ने रेलवे पुलिस को।

तत्पश्चात् डॉक्टरी मुआयने के लिए रेलवे के डॉक्टर को सूचित

किया गया। रेलवे डॉक्टर ने आकर अधिकृत तौर पर उस व्यक्ति को मृत करार दिया। डॉक्टर का आगमन प्रात: 6 बजे के बाद हुआ लेकिन डॉक्टर द्वारा बनाया गए मीमो पर 5 बजकर 55 मिनट अंकित था। एक विशेष बात और कि उस समय को काटकर उसके स्थान पर समय, 3 बजकर 55 मिनट प्रात: लिखा गया था।

अब पुलिस ने अपनी कार्यवाही प्रारंभ की। शव का चित्र खींचने हेतु कैमरे वाले को बुलाया गया लेकिन पर्याप्त रोशनी एवं उसके पास कैमरे में 'फ्लैश लाइट' न होने के कारण सूर्योदय तक प्रतीक्षा की गई और लगभग 7 बजकर 30 मिनट पर उस शव का चित्र खींचा जा सका। चित्र के अनुसार उस शव की स्थिति इस प्रकार से थी–"यह शव पीठ के बल पड़ा था। उसका सिर उत्तर दिशा की ओर एवं पैर पश्चिम की ओर थे। एक दुशाले के द्वारा कमर से मुँह तक का भाग ढंका था। दायाँ हाथ सिर की ओर था, बायाँ हाथ दुशाले के ऊपर की ओर से उसकी छाती पर था और इस दाएँ हाथ में घड़ी भी बँधी थी। और उनके एक हाथ की मुट्ठी में पांच रुपये का एक नोट था।"

पुलिस ने खाना-तलाशी में यह सामग्री बरामद की–

(1) प्रथम श्रेणी का टिकट, जिसकी संख्या 04348 थी।

(2) आरक्षण रसीद, जिसकी संख्या 47506 थी।

(3) हाथ पर बँधी घड़ी, जिस पर नाना देशमुख लिखा हुआ था।

(4) 26 रुपये।

जामा तलाशी के पश्चात् भी पुलिस को यह ज्ञात नहीं हो सका कि मृतक कौन था। अत: उन्होंने अज्ञात मृतक करार देकर पंचनामा तैयार किया। शव को पोस्टमार्टम के लिए भेजने की तैयारी होने लगी। शव को पुलिस ने प्लेटफार्म पर लाकर रख दिया। साथ ही शव की पहनी हुई धोती को खोलकर उससे ही उसे ढक भी दिया।

शव को देखने के लिए लोग एकत्रित होने लगे। भीड़ में उसी स्टेशन पर कार्यरत एक व्यक्ति श्री बनमाली भट्टाचार्य भी थे। वे श्री दीनदयाल जी को कई बार देख चुके थे। उन्होंने स्टेशन पर रखे शव को तुरंत पहचान कर कहा–"अरे! ये तो जनसंघ के प्रधान पंडित दीनदयाल उपाध्याय जी हैं।"

लेकिन फिर भी पुलिस ने उनकी यह बात नहीं मानी। न जाने यह कैसी विडम्बना थी। तब श्री बनमाली भट्टाचार्य ने मुगलसराय के जनसंघ के लोगों को सूचित करके इस घटना की जानकारी दी। आनन-फानन में जनसंघ के कई लोग वहाँ उपस्थित हो गए। पुलिस को बताया। पुलिस ने लखनऊ फोन किया। वहाँ से आरक्षण कार्यालय से जानकारी प्राप्त हो गई और सिद्ध हो गया कि मृतक पंडित दीनदयाल उपाध्याय जी ही हैं। तब जाकर पुलिस ने भी उस मृतक को पं. दीनदयाल उपाध्याय माना। अन्यथा पुलिस वाले तो उन्हें अज्ञात मानकर पोस्टमार्टम हेतु पहुँचाने वाले थे।

•••

5

अंतिम विदाई

त्वरित कार्यवाही द्वारा जनसंघ के कार्यकर्ताओं ने चारों ओर सूचनाएँ प्रेषित करना प्रारम्भ कर दिया और श्री दीनदयाल जी के पार्थिव शरीर को पोस्टमार्टम हेतु पोस्टमार्टम स्थल पर लाया गया। लेकिन सभी नेताओं आदि के आने के पूर्व पोस्टमार्टम प्रारंभ नहीं हो सकता था।

सरसंघचालक श्री गोलवलकर 'गुरुजी', जो प्रयाग में थे उन्हें सूचना दी गई। उत्तर प्रदेश के तत्कालीन उप मुख्यमंत्री श्री राम प्रकाश गुप्त को सूचना दी गई। पं. दीनदयाल जी की धर्म बहन श्रीमती लता खन्ना, उत्तर प्रदेश के विद्युत एवं कृषि मंत्री श्री टम्बरेश्वर प्रसाद, बिहार प्रदेश जनसंघ के महामंत्री श्री कैलाश मिश्र आदि को सूचना प्रेषित की गई। दिल्ली में श्री अटल बिहारी वाजपेयी के निवास पर सूचना देने के लिए फोन किया गया लेकिन उनके खानसामा बिरजू ने बताया कि अटलजी तो जनसंघ संसदीय दल की बैठक में हैं। बिरजू को तुरंत सूचना प्रेषित करने के लिए कहा गया। जब अटलजी को सूचना मिली तो संसदीय दल की बैठक में सन्नाटा छा गया। यह क्या हो गया—सभी के मुँह से निकला। किसी को भी इस घटना पर विश्वास नहीं हुआ। अटलजी ने श्री रामप्रकाश गुप्त से जानकारी प्राप्त की और सभी ने निर्णय लिया कि दीनदयाल जी का दाह-संस्कार दिल्ली में ही करेंगे। इसके लिए उन्होंने रूपरेखा तैयार की और वाराणसी जाकर उनके पार्थिव शरीर को लाने के लिए विमान की व्यवस्था की बात रखी। इसके लिए गृहमंत्री एवं उड्डयन मंत्री से मिलकर स्थिति स्पष्ट की गई और भारतीय वायुसेना के एक विमान की व्यवस्था की गई।

सर्वश्री अटल बिहारी, जगदीश प्रसाद एवं बलराज मधोक को लेकर यह विमान 2 बजकर 10 मिनट पर वाराणसी की ओर उड़ा और 4 बजकर 20 मिनट पर वाराणसी पहुँचा।

पोस्टमार्टम स्थल पर धीरे-धीरे लोग पहुँचने लगे। सर्वश्री अटल बिहारी वाजपेयी, बलराज मधोक, जगदीश प्रसाद, ठाकुर प्रसाद एडवोकेट, बिहार प्रदेश के संगठन मंत्री अश्विनी कुमार, उत्तर प्रदेश के उप मुख्यमंत्री रामप्रकाश गुप्त उनके साथ उत्तर प्रदेश के सहकारी मंत्री गंगा भगत सिंह, रामदेव सिंह, भाऊराव देवरस पुलिस गाड़ी में दीनदयाल जी के पार्थिव शरीर के साथ ही आए थे, आदि कई कार्यकर्ता और नेतागण वहाँ एकत्रित हो चुके थे। बस अब सर्वश्री गुरुजी के आगमन की प्रतीक्षा थी। थोड़ी देर में गुरुजी आए। उनके आते ही वहाँ का दृश्य भाव विह्वल हो गया। गुरुजी ने जब पं. दीनदयाल जी का पार्थिव शरीर देखा तो विह्वल हो उठे। उनकी आँखें भर आईं और वे बाहर आ गए। वे अपने शिष्य के विषय में केवल इतना ही बोले–"अरे! इसे क्या हो गया?" बार-बार उन्होंने यही कहा।

थोड़ी देर बाद पोस्टमार्टम प्रक्रिया प्रारंभ हुई। लगभग डेढ़ घंटे के बाद पोस्टमार्टम समाप्त हुआ और दीनदयाल जी का पार्थिव शरीर नेताओं को दे दिया गया। किंतु पोस्टमार्टम का प्रमाण (रिपोर्ट) माँगे जाने पर डॉक्टरों ने कहा कि यह प्रमाण पुलिस को ही दिया जाता है। लेकिन आग्रह करने पर वह प्रमाण डॉक्टरों ने रामप्रकाश जी को देने की बात कही जिसे मान लिया गया।

एक ट्रक द्वारा उनके पार्थिव शरीर को हवाई अड्डे लाया गया। मार्ग में लोगों ने फूल मालाओं एवं पुष्प वर्षा से उन्हें अपनी श्रद्धांजलि दी। गुरुजी ने हवाई अड्डे पर पहुँचकर पं. दीनदयाल जी को अपनी श्रद्धांजलि अर्पित की। इनके अतिरिक्त अन्य लोगों ने उन्हें अंतिम विदाई दी।

विमान रात्रि 9 बजकर 10 मिनट पर वहाँ से उड़ा और लगभग 11 बजकर 30 मिनट पर दिल्ली पहुँचा। पालम हवाई अड्डे पर पहले से ही अनेक कार्यकर्ता उपस्थित थे। जब सर्वश्री अटल बिहारी, बलराज मधोक, जगदीश माथुर एवं विजय कुमार मिश्र पं. दीनदयाल जी के पार्थिव शरीर को लेकर विमान से बाहर आए तब वहाँ उपस्थित जनसमूह

ने हृदय विदारक दृश्य उत्पन्न कर दिया और 'पं. दीनदयाल अमर रहें' का उद्घोष करने लगे। तत्पश्चात् पार्थिव शरीर को श्री अटलजी के निवास स्थान पर लाया गया। वहीं पर पं. दीनदयाल जी के पार्थिव शरीर को सभी के दर्शनों के लिए रखा गया। यहाँ लोगों का तांता लगा हुआ था। सभी अपने प्रिय नेता को पुष्पांजलि, श्रद्धांजलि अर्पित कर रहे थे, सिसकियाँ ले रहे थे। अपार जन समूह को संभालने के लिए उचित व्यवस्था की गई थी। लोग आते जा रहे थे, उनके अंतिम दर्शन कर रहे थे। इससे पूर्व मुम्बई से नानाजी देशमुख, महाराष्ट्र के जनसंघ संगठन मंत्री श्री रामभाऊ गोडवोले, महाराष्ट्र जनसंघ के मंत्री उत्तमराव लक्ष्मण पाटिल एवं वच्छराज व्यास पहले से ही हवाई अड्डे पर उपस्थित थे।

12 फरवरी 1968 को सूर्य की पहली किरण के साथ ही दीनदयाल जी के अंतिम दर्शनों का सिलसिला प्रारंभ हुआ। सर्वप्रथम पहुँचने वालों में श्री मोरारजी देसाई (तत्कालीन उपप्रधानमंत्री) थे। तत्पश्चात् तत्कालीन प्रधानमंत्री श्रीमती इंदिरा गांधी, राष्ट्रपति डॉ. जाकिर हुसैन प्रमुख थे। इनके पश्चात् श्री नीलम संजीव रेड्डी (जो उस समय लोकसभा के अध्यक्ष थे), श्री फखरुद्दीन अली अहमद, कश्मीर के मुख्यमंत्री बख्शी गुलाम मुहम्मद, श्री वी. वी. गिरि (उपराष्ट्रपति), श्रीमती सुचेता कृपलानी, आचार्य जे. वी. कृपलानी आदि सहित अनेक बड़े-बड़े नेतागणों का तांता लगा हुआ था।

अपार जनसमूह भी अपने प्रिय पं. दीनदयाल जी को भावभीनी अंतिम विदाई देकर अंतिम दर्शन कर रहा था। इतनी अपार भीड़ को व्यवस्थित करना बड़ा कठिन कार्य था। लेकिन फिर भी सभी शांतिपूर्ण एवं व्यवस्थित रूप से हो रहा था। पं. दीनदयाल जी के निधन का समाचार आकाशवाणी आदि के माध्यम से देश के कोने-कोने में पहुँच चुका था। देश के कोने-कोने से लोग आए। आने-जाने वालों की व्यवस्था की ज़िम्मेदारी श्रीराम बाबू माहेश्वरी एवं केदारजी पर थी (दोनों ही महानगर परिषद् के सदस्य थे)। आज ही के दिन संसद का बजट अधिवेशन प्रारंभ हो रहा था। अटल जी, बलराज मधोक आदि नेतागण संसद के सदस्य थे। उनकी उपस्थिति संसद के बजट अधिवेशन में आवश्यक थी, इसलिए उन्हें जाना पड़ा।

गण्यमान्य व्यक्तियों के आने का क्रम जारी था। समय-समय पर

प्रमुख व्यक्तियों का आना हो रहा था। उत्तर प्रदेश के मुख्यमंत्री चौधरी चरणसिंह, पंजाब के मुख्यमंत्री लक्ष्मणसिंह, बाबू जयप्रकाश नारायण, रक्षा मंत्री सरदार स्वर्ण सिंह, हरिकृष्ण शास्त्री (संसद सदस्य एवं श्री लाल बहादुर शास्त्री के सुपुत्र), लाला हंसराज गुप्त (महापौर दिल्ली), माधवराव मूले, वसन्तराव ओक आदि प्रमुख थे।

एक ट्रेक्टर की ट्राली को पुष्पों और जनसंघ के ध्वजों से सजाकर रथ बनाया गया था। इसी रथ पर पं. दीनदयाल उपाध्याय की अंतिम यात्रा होनी थी। ट्राली में पुष्पों को बिछाकर शैय्या का निर्माण किया गया था। इस ट्राली को ले जाने वाले वाहन को भी पुष्पों से सुसज्जित किया गया था। शव यात्रा प्रारंभ होने से पूर्व हिन्दू रीति-रिवाजों के अनुसार पार्थिव शरीर को स्नान आदि कराया गया।

श्री वच्छराज व्यास, नानाजी देशमुख आदि पंडित दीनदयाल जी के पार्थिव शरीर को अंतिम यात्रा के लिए 1 बजकर 4 मिनट पर कंधे पर लेकर चले। 'राम नाम सत्य है, सत्य बोलो गत है'–शब्द उच्चारित किए जा रहे थे। दीनदयाल जी के पार्थिव शरीर को रथ पर रखा गया और पंडित जी की अंतिम यात्रा प्रारंभ हुई। रथ पर पंडित जी के साथ श्री प्रभुदयाल शुक्ल (दीनदयाल जी के ममेरे भाई), श्री विजयकुमार मल्होत्रा (पार्षद), लाला हंसराज गुप्त, श्री वसंतराव ओक आदि सवार थे।

शवयात्रा जनपथ, कॅनाट प्लेस पहुँची। अब अटल बिहारी वाजपेयी, बलराज मधोक आदि भी संसद की कार्यवाही से वापस आकर शवयात्रा में सम्मिलित हुए। तत्पश्चात् शवयात्रा ओडियन मार्ग, मिंटो रोड, थामसन रोड, अजमेरी गेट, चावड़ी बाजार, नई सड़क, चांदनी चौक, जमुना बाजार होती हुई 6 बजकर 12 मिनट पर निगमबोध घाट पहुँची जहाँ पं. दीनदयाल जी का दाह-संस्कार किया जाना था।

शवयात्रा के प्रारम्भिक स्थल से लेकर निगम बोध घाट तक मार्ग में अपार जनसमूह एकत्रित था। लोग मार्ग के दोनों ओर बने मकानों की छतों पर चढ़े हुए पुष्प वर्षा कर रहे थे। स्थान-स्थान पर शवयात्रा को रोककर लोग श्रद्धांजलि अर्पित कर रहे थे। साथ ही 'पं. दीनदयाल उपाध्याय अमर रहें' के नारों से मार्ग गुंजित हो रहा था। मार्ग में जी.बी. रोड व्यापारिक एसोसिएशन्स, चांदनी चौक में हिन्दुस्तानी मर्केन्टाइल

एसोसिएशन, गुरुद्वारा शीशगंज साहब की ओर से सरोपा (अर्थात् श्वेत वस्त्र) चढ़ाया गया, आर्य समाज दीवान हॉल की ओर से श्री रामगोपाल (सांसद) एवं वीर प्रद्युन जोशी ने आर्य ध्वज एवं पुष्पमाला द्वारा श्रद्धांजलि अर्पित कीं। इस प्रकार मार्ग में लोग पं. दीनदयाल जी को श्रद्धांजलि अर्पित करते रहे।

निगम बोध घाट पर पं. दीनदयाल जी की अर्थी को रथ पर से उस स्थान पर रखा गया, जहाँ उनकी चिता तैयार की गई थी और धार्मिक क्रिया कर्म प्रारम्भ हुआ। शव को अब चिता पर रखकर उन्हें अंतिम श्रद्धांजलि देने के लिए लोगों का आना प्रारम्भ हुआ। सबसे पहले बाला साहब देवरस, जोकि राष्ट्रीय स्वयंसेवक संघ के सरकार्यवाह थे, ने श्रद्धांजलि अर्पित की। तत्पश्चात् लाला हंसराज गुप्त, बाला साहब घटाटे, लालकृष्ण आडवाणी, पीताम्बर दास, यज्ञनारायण, बलराज मधोक, अटलबिहारी वाजपेयी, जे. बी. कृपलानी, रामप्रकाश गुप्ता, डॉ. बलदेव प्रकाश, भैरो सिंह शेखावत, वीरेन्द्र कुमार सकलेचा, अमरचन्द्र, श्यामलाल यादव आदि प्रमुख व्यक्तियों ने अंतिम श्रद्धांजलि अर्पित की। इस प्रकार सभी उपस्थित प्रमुख व्यक्तियों ने क्रमानुसार अपने प्रिय दीनदयाल जी को अश्रुपूर्ण विदाई दी। सभी द्वारा श्रद्धांजलि देने के बाद पंडित दीनदयाल जी के पार्थिव शरीर को चंदन की लकड़ियों से ढक दिया गया और उस पर हवन सामग्री डाली गई। सभी क्रिया करके 7 बजकर 6 मिनट पर चिता को अग्नि दी गई। इस समय चिता के पास पं. दीनदयाल जी के ममेरे भाई श्री प्रभुदयाल आदि अन्य व्यक्ति उपस्थित थे। और धार्मिक क्रियाओं के मध्य पं. दीनदयाल जी की अन्त्येष्टि की गई। जिसमें श्री प्रभुदयालजी ने कपाल क्रिया के रूप में अंतिम संस्कार की क्रिया की।

इस प्रकार सभी उस समय गहरे शोक में थे और सभी पं. दीनदयाल उपाध्याय को अंतिम विदाई देकर बुझे मन से वापस चले गए।

अगले दिन निगम बोध घाट से पं. दीनदयाल जी के फूल एकत्रित कर कलश में रखे गए। इस अस्थि कलश को भी 30 राजेन्द्र मार्ग अटलजी के निवास पर रखा गया। अस्थि कलश को 17 फरवरी 1968 को तूफान एक्सप्रेस द्वारा इलाहाबाद ले जाया गया। इससे पूर्व, तूफान एक्सप्रेस की उस बोगी को पुष्पों द्वारा सुसज्जित किया गया और

वहाँ भी लोगों का अपार जनसमूह एकत्रित था। श्रद्धांजलि अर्पित होने के पश्चात् 10 बजकर 20 मिनट पर तूफान एक्सप्रेस ने दिल्ली से प्रस्थान किया। अस्थि कलश के साथ प्रभुदयाल शुक्ल, अटल बिहारी वाजपेयी, सुंदरसिंह भंडारी और ब्रह्मानंद शुक्ल थे। इनके अतिरिक्त बलराज मधोक, नारायण स्वरूप शर्मा, यज्ञदत्त शर्मा, चंद्र गोयल (सभी संसद सदस्य), टम्बरेश्वर प्रसाद (मंत्री, उत्तर प्रदेश), के.आर. मलकानी (आर्गनाइजर के सम्पादक), मोहन सिंह (राष्ट्रीय स्वयंसेवक संघ दिल्ली के प्रचारक) आदि अनेक कार्यकर्ताओं सहित अन्य गणमान्य व्यक्ति तूफान एक्सप्रेस में पंडित जी के अस्थिकलश के साथ थे। तूफान एक्सप्रेस फरीदाबाद, मथुरा, आगरा, कानपुर होते हुए लगभग 12 बजकर 30 मिनट पर रात्रि में इलाहाबाद पहुँची। दिल्ली से लेकर इलाहाबाद तक के मार्ग में जहाँ-जहाँ तूफान एक्सप्रेस रुकी, वहाँ-वहाँ लोगों ने दीनदयाल जी के अस्थि कलश पर श्रद्धांजलि अर्पित की।

इलाहाबाद के रानी पार्क में, दीनदयाल जी के अस्थिकलश को लोगों की श्रद्धांजलि अर्पित करने हेतु रखा गया। श्रद्धांजलि अर्पण करने के लिए यहाँ भी लोगों का तांता लगा रहा। 18 फरवरी, 1968 को प्रात: 10 बजे के लगभग ट्रक द्वारा अस्थिकलश गंगा की ओर ले जाया गया। मार्ग में भी जनसमूह एकत्रित था। गंगा घाट से अस्थिकलश को नाव द्वारा संगम तक लाया गया और मंत्रोच्चारण के मध्य श्री प्रभुदयाल शुक्ल, ब्रह्मानन्द शुक्ल एवं अटल जी ने पं. दीनदयाल जी की अस्थियों को संगम में विसर्जित कर दिया।

इस प्रकार एक साधारण महान् व्यक्ति की एक असाधारण अंतिम विदाई सम्पन्न हुई।

•••

6

हत्या की छानबीन

पं. दीनदयाल जी की हत्या किसने की, क्यों की आदि प्रश्नों के उत्तरों को ढूँढ़ने के लिए छानबीन हुई। इस छानबीन में अनेक तथ्य सामने आए।

दिल्ली-हावड़ा एक्सप्रेस के साथ वह बोगी, जिसमें पं. दीनदयाल जी का आरक्षण था, जब हावड़ा स्टेशन पर पहुँची तब उसे 'मुहरबंद' (सील) कर दिया गया था। मुहरबंद करने से पहले उस बोगी की गहन छानबीन करने पर टॉयलेट में मिट्टी के एक कुल्हड़ में फिनाइल रखी मिली। 13 फरवरी 1968 को रेलवे सुरक्षा बल के निरीक्षक श्री सुबोध मुखर्जी इस बोगी को अपनी निगरानी में तूफान एक्सप्रेस से वापस मुगलसराय लेकर आए। मुगलसराय में आई.जी. की उपस्थिति में दिल्ली के दो एवं कोलकाता के तीन विशेषज्ञों ने इसकी जाँच-पड़ताल की। लेकिन कोई सुराग नहीं मिला।

इस बोगी के कंडक्टर श्री कमल से पूछताछ करने पर उन्होंने बताया कि मेजर शर्मा नामक एक व्यक्ति खाकी वर्दी में था, लेकिन वर्दी पर कोई बिल्ला आदि नहीं था, न टोपी पहन रखी थी और उसकी घनी मूँछें थीं। उसने श्री कमल से बनारस आने पर जगाने के लिए कहा था। किंतु जब वे मेजर शर्मा को जगाने गए तो बीच में शाल ओढ़े एक व्यक्ति मिला। उसने दीनदयाल का शाल ओढ़ रखा था जिसमें से उसका केवल मुख दिख रहा था। उसकी दाढ़ी-मूँछ साफ थी, उन्होंने उसे दीनदयाल जी समझा। उस व्यक्ति ने कहा कि 'कम्पार्टमेंट में कोई नहीं है। मेजर शर्मा पहले ही शाहगंज में उतर गए हैं।' उस व्यक्ति ने पाजामा

पहन रखा था। यह बात होते हुए श्री एम. पी. सिंह (भारतीय भौगोलिक सर्वेक्षण के सहायक निदेशक जो पटना जा रहे थे) ने भी सुनी थी। यह सुनकर कंडक्टर वापस आ गया। मेजर शर्मा के बारे में जानकारी करने पर पता चला कि उनका नाम सुरेन्द्र मोहन शर्मा था और वे भारतीय सेना में मेजर के पद पर थे। उन्हें रांची जाना था और उन्होंने सीधी गोमोह जाने वाली बोगी एवं उस बोगी में, जिसमें पं. दीनदयाल जी थे, दोनों में आरक्षण करवाया था लेकिन मेजर शर्मा ने बताया कि वे दीनदयाल जी वाली बोगी में न जाकर गोमोह जाने वाली बोगी में सवार थे।

श्री एम. पी. सिंह की जानकारी से ज्ञात हुआ कि उन्हें पटना जाना था। वे वाराणसी से मुगलसराय स्टेशन तक सिगरेट पीकर समय निकाल रहे थे। मुगलसराय स्टेशन आने पर वे टॉयलेट के लिए निकले तो पहले जिस टॉयलेट में वे गए, वह अंदर से बंद था। उन्होंने सोचा संभवत: इसमें दीनदयाल जी होंगे, तो वे दूसरे टॉयलेट में चले गए। टॉयलेट से आने के बाद उन्होंने देखा कि पं. दीनदयाल जी की सीट पर कोई नहीं था। श्री एम. पी. सिंह ने यह भी बताया कि इसी स्टेशन पर एक लड़का जिसकी उम्र लगभग 20-22 साल होगी, पंडित जी के बिस्तर को लपेट रहा था जिससे उसमें से एक फाइल गिरी तो उसने उसे उठाकर बिस्तर में लपेट लिया। जब एम. पी. सिंह ने कुछ पूछा तो उस लड़के ने कहा कि उसके पिताजी को यहीं उतरना था। वे उतर गए और मैं सामान लेने आया हूँ। उस लड़के का नाम लालता था।

लालता के बारे में छानबीन करने पर ज्ञात हुआ कि राम अवध नामक एक व्यक्ति ने लालता से कहा था कि अमुक बोगी में बिस्तर पड़ा है। उस पर कोई नहीं है। तब लालता वह बिस्तर समेटकर ले आया और उसने एक अन्य लालता नामक व्यक्ति को यह बिस्तर चालीस रुपए में बेच दिया। अन्य सामान के बारे में छानबीन करने पर मुगलसराय स्टेशन पर काम करने वाले भरत नामक जमादार से पं. दीनदयाल जी का कुर्ता एवं जाकेट बरामद की गई। छानबीन के दौरान ही मुगलसराय स्टेशन पर कार्य करने वाले एक पोर्टर ने बताया कि किसी संपन्न व्यक्ति ने उससे कहा था कि पंडित दीनदयाल जी वाली बोगी को यार्ड में आधे घंटे के लिए खड़े रखना जिसके लिए उसे चार सौ रुपए मिलेंगे।

पटना स्टेशन पर पूछताछ करने पर इस स्टेशन पर कार्यरत भोला नामक जमादार ने बताया कि एक व्यक्ति ने उसे उस बोगी की सफाई करने को कहा था। किंतु जब भोला बोगी की सफाई करके आया तो वह व्यक्ति पुन: उस बोगी मं नहीं चढ़ा।

इस छानबीन में राम अवध जिसने लालता नामक लड़के को बिस्तर के बारे में बताया था उसे और भरत नामक जमादार, जिसके पास से पं. दीनदयाल जी का कुर्ता और जाकेट बरामद हुई थी, दोनों पर पं. दीनदयाल जी की हत्या की सुई आकर टिकी। इन दोनों को अभियुक्त बनाया गया।

इस प्रकार पं. दीनदयाल उपाध्याय जी की हत्या की छानबीन करके समस्त सुराग एकत्रित किए गए और वाराणसी के विशेष सत्र न्यायालय में मुकदमा प्रारम्भ हुआ।

पं. दीनदयाल की पोस्टमार्टम रिपोर्ट के अनुसार उनके सिर एवं गर्दन के मध्य चोट की गई थी। वह भाग कुचल गया था। उनकी पसलियाँ, एक पैर एवं एक हाथ तोड़ दिए गए थे।

•••

7

मुकदमा और आदेश

पं. दीनदयाल उपाध्याय जी की हत्या से संबंधित जाँच-पड़ताल में भरत नामक जमादार एवं राम अवध नामक व्यक्ति जोकि पं. दीनदयाल जी के बिस्तर के बारे में जानकारी रखता था, उन दोनों को अभियुक्त बनाकर यह मुकदमा प्रारम्भ हुआ।

समस्त मुकदमे की सुनवाई आदि की जाँच करके सत्र न्यायाधीश श्री मुरलीधर ने 9 जून, 1969 को इस मुकदमे का निर्णय सुनाया। उन्होंने अपने फैसले के अंतर्गत पाँच मुख्य बिन्दुओं पर अपनी विशेष टिप्पणियाँ प्रस्तुत कीं। उन्हीं के शब्दों में :

सभी निष्कर्षों को निकालने से पहले, जोकि उन बहुत-सी परिस्थितियों के बारे में हैं, जिनको सबूत पक्ष ने सिद्ध करने की कोशिश की है, बचाव पक्ष द्वारा उठाए गए दो मुद्दों पर विचार करना यहाँ उचित होगा। दोनों में से पहली विवादग्रस्त बात यह है कि बहुत-सी निश्चित रूप से स्पष्ट दिखने वाली खामियाँ और कमियाँ जोकि पहली दृष्टि से ही सबूत पक्ष की प्रस्तुति में दिखाई पड़ जाती हैं, सबूत पक्ष द्वारा प्रस्तुत घटना क्रम को अविश्वसनीय सिद्ध करने के लिए काफी हैं, फिर चाहे इससे संबंधित बहुत-सी परिस्थितियों को विश्वसनीय सिद्ध कर दें या अविश्वसनीय। ये खामियाँ इस प्रकार हैं–

(1) एम. पी. सिंह की गवाही में वर्णित वाराणसी में कम्पार्टमेंट के अंदर उपस्थित अजनबी की उपस्थिति के संबंध में किसी उपयुक्त स्पष्टीकरण का अभाव।

(2) 5 रुपए के नोट को पकड़े होने के संबंध में किसी भी स्पष्टीकरण का अभाव। डी.एस.पी. कपूर और बैजल–दोनों ने यह बात मानी है कि जाँच-पड़ताल के दौरान उनकी जानकारी में कोई ऐसी धारणा नहीं आई, जिससे पता लगे कि वह नोट हाथ की पकड़ में कैसे आया। सबूत पक्ष का यह तर्क कि मृत व्यक्ति मुगलसराय प्लेटफार्म से कुछ खरीदना चाहता था या पटना को टेलीग्राम भेजना चाहता था, स्वीकृत रूप केवल अनुमान की ही बात है। परंतु ये संभावनाएँ नहीं थीं। यह संभव नहीं है कि उपाध्यायजी इन दोनों बातों में से रात के उस समय कुछ भी करना चाहते थे और यह ध्यान में रखते हुए कि वे किस प्रकार के आदमी थे, यह बिल्कुल अविश्वसनीय बात है कि उन्होंने उपर्युक्त दोनों में किसी एक बात के लिए रेलवे प्लेटफार्म से 300 गज पहले ही अपने हाथ में एक नोट निकाल लिया होगा।

(3) 'मृतक के कपड़ों पर कंधों वाली जगहों पर धब्बे कैसे पड़े?'– इस संबंध में किसी भी स्पष्टीकरण का अभाव है। पश्चिम बंगाल से आए विशेषज्ञों के मत से पता चलता है कि मृतक कुछ समय तक ऐसी स्थिति में अवश्य रहा होगा, जबकि या तो सिर के नं. 1 के जख्म से या कान से खून कंधों पर और वहाँ से नीचे बाँहों पर टपका हो। ऐसा होने के लिए इस बात की जरूरत है कि धड़ खड़ी हुई स्थिति में रहे और सिर बाईं तरफ को थोड़ा झुका हुआ रहे। अगर आदमी को चोट मारने के तुरंत बाद बाहर फेंक दिया गया हो या उसकी अचानक पोल से टक्कर हुई हो और वह पृथ्वी पर समानांतर गिर पड़ा हो, तो शरीर की यह स्थिति संभव नहीं है। इस तर्क में सच्चाई मालूम नहीं पड़ती है। मैं श्री दास की उस गवाही से प्रभावित नहीं हूँ, जिसमें उन्होंने कहा है कि बाँहों में खून टपकना पृथ्वी पर लेटी हुई स्थिति में भी सम्भव है, बशर्ते कि बाँह पृथ्वी से 30 डिग्री के कोण पर झुकी हुई हो।

(4) ट्रेन के मुगलसराय के प्लेटफार्म नं. 1 पर पहुँचने के करीब 10 मिनट बाद बिस्तर का गुम हो जाना। यह तर्क उपस्थित किया गया है कि यदि अभियुक्तों ने यह हत्या की और अगर वे

लगातार कम्पार्टमेंट के अंदर या आस-पास थे, तो यह कतई अविश्वसनीय है कि वे बिस्तर हटाने का निश्चय करने से पहले 10 मिनट तक इंतजार करें। इस बात पर जोर दिया गया है कि एम. पी. सिंह की गवाही के मुताबिक ट्रेन पहुँचने के दो मिनट बाद ही वे लगेज आफिस चले गए और कम्पार्टमेंट लगभग 7 मिनट तक खाली रहा। जिसके बाद वे लौटे और उन्होंने बिस्तर हटा हुआ पाया। यह कहा जाता है कि एम. पी. सिंह के लौटने के पहले के सात मिनट बिस्तर हटाने का सबसे अच्छा अवसर था, परंतु यह सत्य है कि इस बात का लाभ नहीं उठाया गया। इस अनुमान के लिए काफी है कि बिस्तर हटाने वाले अथवा हटाने वालों को ट्रेन के स्टेशन पर आने के बाद से स्थिति की पूरी जानकारी नहीं थी। इस तर्क में अंतर्निहित सुझाव यह है कि बिस्तर हटाने वाले बाद में आए जबकि ट्रेन पहुँच चुकी थी और वास्तविक हत्यारे ने या किसी ऐसे व्यक्ति ने जिसे स्थिति का पता था, उन्हें ऐसा करने के लिए खबर दी।

(5) तकिये के गिलाफ के ऊपर के धुले हुए धब्बों के बारे में स्पष्टीकरण का अभाव।

यह तर्क दिया जाता है कि इन सब स्पष्टीकरणों के अभाव के प्रकाश में देखने से हत्या की कहानी ढीली-ढाली पड़ जाती है, फिर चाहे अभियुक्त की गुरप्रसाद की दुकान पर उपस्थिति, भरत का बिस्तर उठाकर ले जाना और अभियुक्त का शारदा के रिक्शे में बिस्तर को रखकर लालता के घर पर ले जाना–इन सब पर विश्वास भी कर लिया जाए। इन सब बातों के बारे में निष्कर्ष कह चुक लेने के बाद; इन सब अनुमानित तर्कों पर विचार करने की कोई आवश्यकता मुझे नहीं लगती।

परंतु यह तो जरूर ही कहा जा सकता है कि (2) और (3) के अंदर उठाए गए मुद्दे हत्यारे की विशिष्ट जानकारी में रहे होंगे और (4) और (5) बिस्तर ले जाने वालों की खास जानकारी में। अगर बिस्तर उठाकर ले जाने वाले हत्यारे नहीं थे, तो यह संभावना बनी रहती है कि (5) में उठाए गए मुद्दे लालता की विशिष्ट जानकारी में रहे होंगे, जबकि लालता भी सबूत पक्ष के विरोध में हो गया था। इसलिए कचहरी के

बाहर की गई अपराध स्वीकृति में इन मुद्दों के ऊपर किसी भी स्पष्टीकरण का अभाव अपने में कोई बहुत महत्त्व की बात नहीं है।

सबसे अधिक आश्चर्य की बात यह है कि सरकारी सबूत पक्ष ने इन सब मुद्दों के ऊपर किसी सार्थक स्पष्टीकरण का सुझाव तक नहीं दिया है। कोई भी न्यायपूर्वक जाँच-पड़ताल करने वाला यह आशा रख सकता है कि उन्होंने सच्चे समाधान का पता लगा लिया होगा। कोई भी ध्यान देने योग्य गवाही, जो इन मुद्दों का समाधान प्रस्तुत करती हो, चाहे भले ही वह अग्राह्य गवाही के स्रोत से निष्कर्षित की गई हो, कोर्ट के सामने प्रस्तुत नहीं की गई। कितना अच्छा होता कि इन समाधानों की ओर चाहे तो जाँच-पड़ताल करने वाले अफसरों की गवाहियों के मध्य या कम से कम जिरह के दरमियान कोई संकेत ही कर दिया जाता, परंतु वैसा नहीं हुआ। यहाँ तक कि 5 रुपए के नोट के बारे में जाँच-पड़ताल करने वाले अफसरों से विशेष तौर पर प्रश्न पूछे गए और उन्होंने स्वीकार कर लिया कि जाँच-पड़ताल के दरमियान 5 रुपए के नोट के संबंध में उनके सामने कोई समाधानपूर्ण बात नहीं आई और यह इतना बड़ा प्रश्न एक रहस्य ही बना रह गया है और बिना समाधान प्राप्त किए छोड़ दिया गया है। यही बात घातक प्रहार से पहले के घटना-क्रम के विस्तार के संबंध में कही जा सकती है। पर इन सब बातों के बारे में और अधिक कहना बेकार है, क्योंकि मैं इस निर्णय पर पहुँच चुका हूँ कि हत्या के संबंध में प्राप्त की गई अपराध-स्वीकृति विश्वास करने लायक नहीं है।

मृतक के व्यक्तित्व को ध्यान में रखते हुए और मृत्यु के वातावरण को ध्यान में रखते हुए बहुत पहले से ही यह आशंका बन गई थी कि यह राजनीतिक हत्या हो सकती है। जैसे भी हो, सरकारी सबूत पक्ष का यह कहना है कि इस प्रकार की कोई पृष्ठभूमि नहीं है और इन धारणाओं को प्रश्रय देनें वाली सभी खबरें और आरोप निराधार हैं। सुनवाई के समय हत्या के संबंध में अभियुक्त के पास कोई विशेष धारणा नहीं थी। न ही उन्होंने अपनी तरफ से किन्हीं भी सत्यों पर बल दिया। पर जो कुछ भी हो, सफाई पक्ष के विद्वान वकील का एक तर्क यह भी था कि यह हत्या राजनीतिक है।

मैं जोर देकर यह कहना चाहूँगा कि जितनी भी सामग्री मेरे सामने है, उसमें मुझे यह संदेह करने का कोई आधार नहीं मिलता कि जाँच-पड़ताल करने वाली एजेंसी न्यायपूर्ण ढंग से अभियुक्त को दोषी नहीं मानती थी या यह कि इन्होंने जान-बूझकर एक झूठी कहानी गढ़ने की कोशिश की या सोच-विचार कर राजनीतिक हत्या की संभावना को टालने की कोशिश की।

इस हत्या के पीछे राजनीतिक उद्देश्य छिपा है या नहीं, यह बात इस मामले में सीधे संबंधित नहीं है। पर स्पष्ट है कि यह एक ऐसा प्रश्न है, जिसका संबंध हत्यारे की पहचान से है। सैद्धांतिक रूप से अगर अभियुक्तों को हत्यारा समझ भी लिया जाए, तो भी वे एक राजनीतिक दल के एजेंट के रूप में कार्य करते हुए हो सकते हैं और गलत साबित करना हमेशा बड़ा कठिन होता है। फिर भी अगर एक बार हत्यारों का ठीक से पता लग जाए, तो हत्या के पीछे के उद्देश्य को विश्वासपूर्वक सुलझाया जा सकता है।

अभियुक्तों पर हत्या का दोष सिद्ध न होने के कारण हत्या के संबंध में सच्चाई का पता लगाना अभी भी बाकी है और इस प्रश्न पर विस्तृत रूप से जनता की रुचि को ध्यान में रखते हुए कुछ कहने का लोभ संवरण नहीं कर पा रहा। परंतु इस कथन की भूमिका के रूप में यह चेतावनी आवश्यक है कि एक फौजदारी की सुनवाई अलग चीज है और घटना के संबंध में सच्चाई की जाँच-पड़ताल या खोज कतई अलग। सुनवाई में कोर्ट के सामने केवल प्रश्न यह है कि पेश की गई गवाहियों द्वारा अभियुक्त का दोष सिद्ध हो जाता है कि नहीं। यह पेश की गई गवाही न्यायिक रूप से ग्राह्य होनी चाहिए और खासतौर पर जाँच-पड़ताल की एजेंसी द्वारा एकत्रित। हालांकि कोर्ट को यह अधिकार है, वह न्याय के पक्ष को ध्यान में रखते हुए और उपयुक्तता को देखते हुए स्वयं भी गवाहों को बुला सके। कोर्ट के सामने ऐसे प्रमाण नहीं रहते, जो एक न्यायिक कोर्ट के सामने अग्राह्य गवाही हों, यद्यपि वे प्रमाण अत्यंत प्रासंगिक और सत्य का पता लगाने के लिए उचित रूप से सहायक हो सकते हैं। उदाहरणतः जैसे कि जनश्रुति, रिकार्ड से बाहर के बयान या ऐसी सामग्री जो अभियुक्त से पूछताछ करने में प्राप्त हुई

हो। कोर्ट के सामने इस प्रकार के तथ्य तक तक नहीं आ पाते हैं, जब तक कि बचाव पक्ष खासतौर से उन्हें रिकार्ड पर न लाए, जिनसे कि ऐसी कोई दूसरा परिवर्तित रूप समाधान की ओर इंगित होता हो, चाहे भले ही जाँच-पड़ताल की एजेंसी उस रूप को अग्राह्य कर चुकी हो। इस केस में तो बचाव पक्ष ने कुछ ऐसा नहीं किया है। हत्या के तरीके और सूत्रपात के संबंध में कोई धनात्मक परिवर्तन प्रस्तुत नहीं किया गया। इन सब सीमाओं के रहते हुए कोर्ट सत्य के बारे में अपना मत व्यक्त करने की स्थिति में नहीं है। उन केसों की बात दूसरी है, जिनमें कि न्यायिक गवाही अपने आप में कोई धारणा या अभियोगी के दोष के बारे में कोई निश्चित धारणा बना लेने के लिए काफी होती है।

अभियुक्त भरत दोषी पाया गया है और आई.पी.सी. की धारा 379 के मुताबिक चालान में है। उस अपराध के लिए आई.पी.सी. की धारा 75 के अंतर्गत लगाए गए अभियोग के विचार के बाद उसे सज़ा सुनाई जाएगी। आई.पी.सी. की धारा 302 और 382 के अंतर्गत लगाए गए अभियोगों से उसे मुक्ति दी जाती है। अभियुक्त राम अवध को उसके खिलाफ लगाए गए सभी अभियोगों से मुक्त किया जाता है। वह जेल में है और उसे तुंरत छोड़ दिया जाए, बशर्ते कि और किसी संबंध में उसकी तलाश न हो।"

अभियुक्त भरत के बारे में आदेश और चालान की घोषणा कर देने के उपरांत आई.पी.सी. धारा 75 के अंतर्गत अभियोग पढ़कर सुनाया गया और अभियुक्त को उसके बारे में समझाया गया। वाराणसी के न्यायिक अफसरों के कोर्ट से 5-12-62, 8-11-65 और 22-11-67 को हुए पहले तीन चालानों के बारे में, जोकि आई.पी.सी. की धारा 379 के अंतर्गत थे और जिनमें क्रमश: 6 महीने, 3 महीने और 3 महीने की कड़ी कैद की सजाएँ हुई थीं तथा एक चौथा जो वाराणसी के ए.डी.एम. की कोर्ट के सामने आया था और जिसमें 7-7-69 को 3 महीने की सज़ा हुई थी ये चारों चालान ख 105 द्वारा पूरी तरह सिद्ध कर दिए गए। भरत ने सब चालानों को मान भी लिया। इसलिए आई.पी.सी. की धारा 75 के अनुसार अभियोग सिद्ध हो गया।

ख 105 से यह पता चलता है कि अभियुक्त एक आदतन किस्म

का जेल का पंछी है, जो दिसम्बर 1964 और फरवरी 1968 के बीच में ऊपर के चार चालानों के अतिरिक्त भी सी.आर.पी.सी. की धारा 109 के अंतर्गत 10 महीने के लिए जेल में रह चुका है। आई.पी.सी. की धारा 379 और 411 के अंतर्गत लगाए गए अभियोगों के लिए उसे अतीत में 6 महीने और 3 महीने की सज़ाएँ मिलीं, पर ऐसा लगता है कि उस पर उस सज़ा का कोई असर नहीं हुआ। वर्तमान केस की स्थिति को ध्यान में रखते हुए और अभियुक्त के पूर्व आचरण को ध्यान में रखते हुए मैं सोचता हूँ कि 4 साल की सख्त सज़ा न्याय के पक्ष के लिए ठीक होगी। तदनुसार अभियुक्त को 4 साल की सख्त सज़ा दी जाती है।"

इस आदेश के नीचे वाराणसी के विशेष ज़िला व सत्र न्यायाधीश श्री मुरलीधर के हस्ताक्षर थे।

•••

8

चंद्रचूड़ आयोग

इस आदेश के पश्चात् सरकार ने पं. दीनदयाल उपाध्याय की हत्या की गुत्थी सुलझाने के लिए 'चन्द्रचूड़ आयोग' का गठन किया।

चन्द्रचूड़ आयोग ने अपनी कार्यवाही प्रारम्भ की और उसने विशेष सत्र न्यायाधीश श्री मुरलीधर द्वारा दिए गए निर्णय के बहुत से बिंदुओं को अस्वीकार करके अपना स्पष्टीकरण दिया। आयोग ने पं. दीनदयाल जी की हत्या का संबंध चोरी से होने के विषय में कहा कि–

"यदि श्री उपाध्याय की मृत्यु के साथ उनके सामान की चोरी भी हुई और यदि हत्या तथा चोरी किसी एक ही योजना के अंग हैं, तो यह निष्कर्ष निकालना युक्तिसंगत है कि इस हत्या से राजनीति का कोई संबंध नहीं है। हत्या कुछ लाभ के उद्देश्य से की गई और हत्या का तत्कालीन कारण या तो चोरी करते समय पकड़े जाने से बचना था या यह कि चोरी सुविधा से की जा सके।"

पं. दीनदयाल जी की हत्या में एक विशेष बिन्दु यह भी था–'उनके एक हाथ में पाँच रुपए का एक नोट पाया जाना।' इस बिंदु के संबंध में चन्द्रचूड़ आयोग ने कहा कि–

"केवल इस बात के अलावा मेरी समझ में यह बिल्कुल नहीं आया कि कौन और क्यों उनके हाथ में नोट रखेगा। हत्यारे विशेषकर राजनीतिक हत्यारे, अपना काम करने के बाद घटनास्थल पर ठहरते नहीं। यह भी समझ में आ सकता है, यद्यपि मैंने इस संभावना को नहीं माना है कि लाश खम्भे के पास रखी गई ताकि वह एक दुर्घटना जान

पड़े। परंतु मैं यह नहीं मान सकता कि दुर्घटना सिद्ध करने के प्रयास में षड्यंत्रकारियों ने इतने इत्मीनान से काम किया कि उसमें कोई त्रुटि न रह जाए। अत: नोट उनके हाथ में रखने की बात सर्वथा अमान्य है।"

इसी के संबंध में आयोग ने यह भी कहा है कि–

"पहले वाले निष्कर्ष से यह युक्तियुक्त परिणाम निकलता है कि मृतक अपनी मृत्यु के समय नोट अपने साथ लिए हुए थे।"

इस प्रकार आयोग ने जाँच करके अपना मत स्पष्ट किया।

इस जाँच आयोग द्वारा निश्चित किए गए मत के संबंध में नानाजी देशमुख ने असहमति व्यक्त करते हुए कहा था–"...इस प्रकार पं. दीनदयाल उपाध्याय की हत्या आज भी भयंकर रहस्य बनी हुई है।"

इस प्रकार मुकदमे के निर्णय एवं चन्द्रचूड़ आयोग की जाँच से भी यह अज्ञात और रहस्य ही बना रहा कि आखिर पं. दीनदयाल के हत्यारे कौन थे और उनकी हत्या क्यों की गई है? यह गुत्थी अभी तक वैसी की वैसी बनी हुई है। यह प्रश्न सभी के मन में है कि क्या कभी उनकी हत्या का रहस्य खुल पाएगा?

•••

9

प्रेरक प्रसंग, भाषण और विचार

पं. दीनदयाल उपाध्याय जैसे महान व्यक्तित्व के एक-एक शब्द लोगों के लिए प्रेरणा स्रोत हो सकते हैं। उनके जीवन से संबंधित कुछ प्रेरक प्रसंग और संस्मरण यहाँ देना प्रासंगिक होगा।

विद्वानों का विद्वान–

एक बार की बात है, एक विश्वविद्यालय में चर्चा सत्र चल रहा था। उसमें पं. दीनदयाल उपाध्याय भी आमंत्रित थे। इस चर्चा के संबंध में पं. दीनदयाल जी के विषय में डॉ. अरविंद लेले ने कहा है कि–"उस दिन चर्चा में पंडित जी ने विदेशों में प्रकाशित नए ग्रंथों के संदर्भ दिए। उनमें से कुछ पुस्तकें या तो उस विश्वविद्यालय में अभी पहुँची नहीं थीं अथवा उन प्राध्यापकों ने शायद पढ़ी नहीं थीं। इस चर्चा में पंडित जी के योगदान से अभिभूत एक प्राध्यापक ने धन्यवाद देते हुए कहा था– "The only simple thing about this man is his dress, otherwise he is Master of Masters." (इस व्यक्ति की केवल वेशभूषा ही साधारण है, वरना तो यह विद्वानों का भी विद्वान है।)

व्यक्तिगत आलोचना अनैतिक–

लोकसभा चुनावों के विषय में पंडितजी के पूर्व पत्रकार साथी श्री यादवराज देशमुख के अनुसार, यह उस समय की बात है जब जौनपुर लोकसभा सीट के लिए पंडित जी खड़े हुए थे उनके भाषण के

संबंध में देशमुख व अन्य लोगों ने उनसे कहा–"पंडित जी! चुनाव सभाओं में भाषण कुछ अधिक आक्रामक होने चाहिएँ। प्रतिपक्ष पर तीखा प्रहार किए बिना चुनाव अभियान में रंग नहीं चढ़ पाएगा। मतदाताओं पर शिक्षात्मक एवं रचनात्मक भाषणों का प्रभाव नहीं पड़ता।" दीनदयाल जी ने यह सुना और इसका उत्तर दिया–"देखिए, ऐसा लगता हो कि मेरा प्रभाव नहीं पड़ेगा, तो मैं चुनाव से हट जाता हूँ। लेकिन केवल मतों के लिए मैं अपने भाषणों में अनावश्यक तीखापन नहीं ला सकूँगा। विरोधियों की व्यक्तिगत आलोचना करना तो मैं अनैतिक ही मानता हूँ।"

जातिवाद बुरा–

इसी प्रकार एक अन्य प्रसंग भी इसी समय अर्थात् चुनाव से संबंधित है। यादवराव देशमुख के अनुसार, वोटों के लिए जातिवाद के विषय में जनसंघ के कार्यकर्ताओं ने पंडित जी से कहा–"काँग्रेस ठाकुरवाद चला रही है तो हम ब्राह्मणवाद चला दें। इसमें क्या हानि है? चुनाव-युद्ध में सभी कुछ क्षम्य होता है न?" उनकी यह बात सुनकर पंडित जी क्रुद्ध होकर बोले–"सिद्धांत की बलि चढ़ाकर जातिवाद के सहारे मिलने वाली विजय, सच पूछो तो, पराजय से भी बुरी है। ऐसी विजय हमें नहीं चाहिए।"

उनके क्रुद्ध विचारों को सुनकर सभी चुप हो गए। थोड़ी देर बाद, पंडित जी शांत स्वभाव से अपने सहयोगियों से बोले–"भाई, राजनीतिक दल के जीवन में एक उपचुनाव कोई विशेष महत्त्व नहीं रखता, किंतु एक चुनाव में जीतने के लिए हमने जातिवाद का सहारा लिया तो वह भूत सदा के लिए हम पर सवार हो जाएगा और फिर काँग्रेस और जनसंघ में कोई अंतर नहीं रहेगा।"

इस उपचुनाव में पंडित दीनदयाल जी पराजित हुए थे। तब संवाददाता सम्मेलन में उनसे पूछा गया कि–"देश में जब काँग्रेस विरोधी वातावरण है, तो आप चुनाव कैसे हार गए?" यह सुनकर दीनदयाल जी ने प्रत्युत्तर दिया कि–"स्पष्ट बात बताऊँ, मेरे विरुद्ध खड़ा काँग्रेस का प्रत्याशी एक सच्चा कार्यकर्ता है। उसने उस क्षेत्र में पर्याप्त काम किया है। अत: स्वाभाविकत: लोगों ने उसे अधिक मत दिए।"

धर्मवीर–
चुनावों से संबंधित एक अन्य प्रसंग के संबंध में श्री जगदीश प्रसाद द्विवेदी ने लिखा है कि एक बार हम लोग आपस में बातचीत करने बैठे थे। किसी ने कहा कि हम जनसंघ की कुंडली बनाएँगे। किंतु कौन बनाएगा? क्योंकि जन्मपत्री बनाने के लिए सही जन्म समय ज्ञात होना चाहिए। सिवा दीनदयाल जी के ठीक से जन्म समय कौन बता सकता था? भोपाल में जब पंडित जी से यह बात छेड़ी गई, तब उन्होंने कहा–"देखिए, हम लोग कर्मवीर हैं। प्रयत्नवाद पर हमारा भरोसा है। इस प्रकार ज्योतिष शास्त्र का भरोसा करने का अर्थ तो निष्क्रिय बनाता है।"

नियम पाबंद–
एक बार की बात है, जनसंघ के कार्यकर्ता श्री सुमनभाई पारेख एवं दीनदयाल जी को संघ-शिक्षा वर्ग हेतु राजकोट जाना था। दीनदयाल जी को तो प्रथम श्रेणी का टिकट मिल गया लेकिन सुमनभाई को नहीं मिल पाया। इसलिए वे तृतीय श्रेणी के डिब्बे में बैठे। ब्यावर (राजस्थान) नामक स्टेशन पर दीनदयाल जी के लिए भोजन आया। तब दीनदयाल जी भोजन के डिब्बे को लेकर तृतीय श्रेणी के डिब्बे में सुमनभाई को आवाज लगाकर ढूँढ़ने लगे। सुमनभाई ने आवाज़ सुनी तो तुरंत बाहर आकर बोले–"अरे पंडित जी आप स्वयं कष्ट उठाते क्यों आए हैं?" यह सुनकर पंडित जी बोले–"तो क्या इतना अधिक भोजन मैं अकेले खा सकता था? मेरे डिब्बे में आप आकर बैठते तो वह नियम विरुद्ध होता, लेकिन मैं आपके डिब्बे में बिना किसी संकोच के बैठ सकता हूँ।"

ईमानदारी–
पंडित दीनदयाल जी वाराणसी में थे और उन्हें बलिया जाना था। वे स्टेशन पर पहुँचे, तीसरी श्रेणी का टिकट लिया। किंतु उस श्रेणी में इतनी भीड़ थी कि पैर भी रख पाना कठिन था। तब उनकी व्यवस्था द्वितीय श्रेणी में कर दी गई। बलिया पहुँचने पर उन्होंने टिकट निरीक्षक से कहा–"मेरे पास तृतीय श्रेणी का टिकट था, लेकिन भीड़ होने के कारण मैंने द्वितीय श्रेणी में यात्रा की। अतः जितना किराया बनता हो, ले

लीजिए।" यह सुनकर निरीक्षक बोला–"अब आप जाइए, यहाँ किसने देखा है कि आप किस श्रेणी से यात्रा करके आए हैं।"

तब दीनदयाल जी ने स्टेशन मास्टर से पूछकर जितना किराया हुआ, उतना दे दिया। यह देखकर स्टेशन मास्टर चकित रह गया और कहा–"मैं 30 वर्षों से नौकरी कर रहा हूँ किंतु इस प्रकार का कार्य करने वाले आप पहले यात्री हैं।"

तोड़ने की भाषा न बोलें–

एक बार की बात है, जनसंघ के खुर्शीदबाग वाले कार्यालय में कार्यकर्ता शचीन्द्रनाथ बख्शी ने किसी बात पर बिगड़ कर एक कार्यकर्ता, जो कुछ शिकायत कर रहे थे, से कहा–"देखिए महोदय! सच पूछें तो इस काम के लिए आपको लखनऊ आने की कोई आवश्यकता नहीं थी आप सौ-दो सौ लोगों को अपने साथ ले जाकर थोड़ी मार-पिटाई करके उस संस्था पर अधिकार कर लेते, हो जाती थोड़ी मारपीट। दो-चार सिर फूटते तो सरकार अपने आप इस ओर ध्यान देती।" उनकी ये बातें दीनदयाल जी ने सुनी। रात्रि में दीनदयाल जी ने शचीन्द्रनाथ बख्शी को बुलाकर कहा–"दद्दा! मैं जानता हूँ कि नियमों के अनुसार कार्य करते समय हमें किसी-किसी को रुष्ट भी करना पड़ेगा, लेकिन दद्दा! इंकार भी क्या मधुर शब्दों में नहीं किया जा सकता? हम लोग कार्यकर्ता हैं, हम तो समझदार हैं न? फिर तोड़ने की भाषा में बात हम करें ही क्यों? जहाँ तक हो सके, हमें किसी के मन को दु:ख नहीं देना चाहिए।"

बख्शी जी बोले–"पंडितजी! वह व्यक्ति एक नहीं सुन रहा था। कितनी बार समझाया। अंत में मारपीट और शक्ति-प्रदर्शन की बात तो वह समझ ही गया न?" तब वे बोले–"दद्दा! वह कार्यकर्ता तो आपके बच्चे की आयु का था। यदि आप उसे थोड़ा और समझा-बुझा देते तो क्या वह नहीं मान जाता?"

बख्शी जी उनके बारे में लिखते हैं–"किसी बात को समझाकर बताते समय भी वे कितने संयमी होते थे! हो सकता है कि शायद इसलिए मैंने उन्हें वचन दिया कि अब से आगे मैं लोगों से बेकार में भी झिड़की-घुड़की भरी बात नहीं करूँगा, किसी के मन को तोड़ देने वाली बात नहीं करूँगा। आगे के व्यवहार की मानो एक दिशा भी मुझे

मिल गई। तब से मैं बराबर इस बात के लिए प्रयत्नशील रहता हूँ कि किसी के मन को दुःख नहीं पहुँचाऊँ। इसके कारण किसी का काम न भी बने, तब भी वह रुष्ट होकर नहीं जाता।"

कुछ न कहो–

जनसंघ के एक कार्यकर्ता श्री रामदास कलसकर ने एक संस्मरण लिखा है। उनके अनुसार, एक बार अटल बिहारी वाजपेयी जनसंघ के कार्य से पंजाब का दौरा करके वापस दिल्ली आए। पता नहीं शायद वहाँ प्रवास में उन्हें कोई कष्ट हुआ था या कार्यकर्ताओं ने उन्हें अधिक तंग किया था जिससे जब वे आए तो कुछ झल्लाए हुए थे। छूटते ही उन्होंने घोषित कर दिया–"बस, बहुत हुआ। आगे का प्रवास रद्द। मुझे कहीं नहीं आना-जाना है।" यह सुनकर सारे कार्यकर्ता पं. दीनदयाल जी को देखने लगे कि उनकी प्रतिक्रिया क्या होगी।

शांति को तोड़कर दीनदयाल जी ने कहा–"अच्छा भाई, आप पहले स्नान तो कर लीजिए, फिर देखेंगे क्या करना है।" अटलजी नहाने चले गए। दीनदयाल जी ने स्वयं रोटियाँ एवं दाल-सब्जी बनाईं और अटलजी को भोजन कराया। भोजन के बाद अटलजी अपने आप आगे के दौरे पर निकल गए। दीनदयाल जी को कुछ कहना नहीं पड़ा।

केन्द्र स्थान–

श्री हरिसिंह गोहेल गुजरात जनसंघ के अध्यक्ष थे। एक प्रसंग के बारे में उन्होंने लिखा है–"जूनागढ़ में अध्ययन वर्ग कार्यक्रम के अंतर्गत दीनदयाल जी, अटल जी, सुंदर सिंह भंडारी आदि प्रमुख नेता उपस्थित थे। कार्यक्रम के पश्चात् सभी का समूह छायाचित्र (फोटो) खींचने के लिए कहा गया। दीनदयाल जी तैयार नहीं थे लेकिन आग्रह करने पर वे मान गए। फोटो खींचने के लिए कुर्सियाँ लगाई गईं। सभी प्रमुख कार्यकर्ता कुर्सी पर बैठ गए। मैं एक छोटा-सा कार्यकर्ता था। इसलिए संकोच से कोने में खड़ा रहा। संभवतः दीनदयाल जी ने मुझे देख लिया। वे मेरे पास आए और बोले–"आप प्रांत के अध्यक्ष हैं। प्रांत के समस्त कार्यों के केन्द्र बिंदु हैं। इसलिए छायाचित्र में आपका स्थान केन्द्र में होना चाहिए।" और उन्होंने मुझे सबके मध्य की कुर्सी पर बिठा दिया।"

बड़प्पन–

यह प्रसंग 1967 के कालीकट अधिवेशन के समय का, उनके साथी-सहयोगी श्री पी. परमेश्वरव की कलम से है–"पंडित जी अधिवेशन स्थान तक कभी मोटर में बैठकर नहीं जाते थे। अन्य प्रतिनिधियों की भाँति वे भी पैदल चलकर जाते और प्रवेश द्वार पर खड़े स्वयंसेवक को अपना प्रवेश पत्र दिखाते। वे जहाँ ठहरे थे वहाँ धोबी कपड़े लेने आया तो वे बोले–"बोलो भाई!" इतना बड़ा नेता उसे भाई कहता है, इससे धोबी को आश्चर्य हुआ। कुछ दिनों बाद पंडित दीनदयाल जी की मृत्यु का दुखद समाचार आया तो मैंने उस धोबी को आँसू बहाते देखा।"

विचार स्वतंत्रता–

एक प्रसंग 1968 का है। नागपुर में एक बैठक के अंतर्गत श्री रामदास कलसकर को मद्रास भेजने के लिए कार्यक्रम तैयार था। लेकिन मद्रास के कुछ कार्यकर्ता पंडितजी से बोले–"महाराष्ट्र से किसी कार्यकर्ता को कार्यक्रम के लिए मद्रास भेजना उचित नहीं होगा।" उनकी परेशानी समझ पंडितजी ने रामदासजी को मद्रास न भेजने का निर्णय लिया।

वहाँ पर बंगाल के कार्यकर्ता भी थे। उनके अनुसार बंगाल में भी एक पूर्णकालिक प्रचारक की आवश्यकता थी। रामदासजी अभी आने वाले थे, अत: पं. दीनदयाल जी ने बंगाल के कार्यकर्ताओं की बातें सुनकर कहा–"रामदास को आने दीजिए, उनसे बात करके निश्चित करेंगे।" यह सुनकर उन कार्यकर्ताओं में से एक ने कहा–"इसमें रामदास से क्या बात करनी है? वे तो पूर्णकालिक प्रचारक हैं। उनके लिए क्या मद्रास, क्या बंगाल? आप जहाँ भेज देगें, वहाँ जाना उनका काम है।"

यह सुनकर पं. दीनदयाल जी बोले–"अरे भई हमारा प्रचारक कोई निर्जीव वस्तु तो है नहीं। वह प्रचारक अवश्य है, लेकिन उसकी भी कोई सम्मति होती है। उसका भी मन है। कहाँ काम करे, यह निश्चय करने की स्वतंत्रता मेरे विचार से तो उसे होनी ही चाहिए। उसके इतने स्वातंत्र्य को भी यदि आप स्वीकार नहीं करते, तो उसके कार्य द्वारा स्वतंत्र एवं स्वाभिमानी समाज के निर्माण की अपेक्षा आप कैसे कर सकते हैं?" तब जाकर अगले दिन रामदासजी के आने पर पं. दीनदयाल जी ने उनसे पूछा और स्वीकृति मिलने पर उन्हें ही बंगाल भेजा।

अत: वे केवल स्वयं का ही नहीं अपितु सभी का ध्यान रखते थे चाहे वह छोटा हो अथवा बड़ा।

अंतर्विरोध कहाँ–

यह संस्मरण पांचजन्य के सम्पादक रह चुके श्री भानुप्रताप शुक्ल का है जो संघ के प्रचारक भी रहे। उन्होंने अपने संस्मरण में लिखा है कि वर्ष 1952-53 में संघ-शिक्षा वर्ग कार्यक्रम हो रहा था। उसमें पंडितजी भी थे। इसमें चर्चा के अंतर्गत प्रश्नोत्तर होता है। इसके अंतर्गत दीनदयाल जी एवं अनेक स्वयंसेवक उपस्थित थे। तब पं. दीनदयाल जी ने कहा–"चलो भाई, हमारा 'ट्रायल' प्रारंभ करो।" इससे उनका तात्पर्य यह था कि जो भी प्रश्न हो, पूछें। कुछ देर सभी चुप रहे, कोई कुछ नहीं पूछ रहा था। तब पंडितजी ने चुप्पी तोड़ी और बोले–"अच्छा, आप कोई प्रश्न नहीं पूछ रहे हैं न? तो चलिए मैं ही प्रश्न करता हूँ।"

पंडितजी प्रश्न पूछते उससे पूर्व ही एक स्वयंसेवक ने पूछा–"आप जनसंघ के नेता हैं तो राष्ट्रीय स्वयंसेवक संघ के शिविर में कैसे आए?"

यह सुनकर पंडितजी बोले–"अरे भई, यह सच है कि मैं जनसंघ का नेता हूँ। किंतु मैं हिन्दू भी तो हूँ और हिन्दुत्व पर गर्व अनुभव करने की इस प्रवृत्ति के कारण क्या मैं संघ में सहभागी नहीं हो सकता?" यह सुनकर प्रश्नकर्ता कुछ न कह सका, लेकिन इस कार्यक्रम में वाद-विवाद नहीं हो रहा था, इसलिए पंडितजी ने अपनी स्थिति को स्पष्ट करते हुए कहा–"मैं संघ का स्वयंसेवक हूँ और जनसंघ्र का महामंत्री भी। जीवन में ऐसी भूमिकाएँ प्रत्येक को निभानी पड़ती हैं। अब देखिए, मैं जनसंघ का महामंत्री हूँ, किंतु परिवार में अपने पिता का पुत्र हूँ। अब आप ही बताइए कि अपने पिता का पुत्र होने और जनसंघ का महामंत्री होने में अंतर्विरोध कहाँ है? कोई विरोध नहीं है, उसी प्रकार मैं संघ का स्वयंसेवक और जनसंघ का महामंत्री हूँ, इसमें भी कोई अंतर्विरोध नहीं है।"

सगा-संबंधी–

एक अन्य प्रसंग में मुम्बई की एक गृहिणी के शब्दों में–"हमारे यहाँ अनेक नेता आते रहते हैं। कोई नेता आ रहे हों तो उनकी अच्छी देखभाल करने की चिंता तो मन में होती ही है। किंतु दीनदयाल जी

आने वाले हों तो ऐसी कोई चिंता मुझे नहीं होती थी। लगता था मानो अपना ही कोई भाई या सगा-संबंधी आ रहा है।"

उर्दू का विरोध नहीं–

श्री गोपाल केसरी के प्रसंग के अनुसार, एक बार भाषा के विषय पर चर्चा हो रही थी। मैंने पूछा–"जनसंघ उर्दू का विरोध क्यों करता है?" यह सुनकर पं. दीनदयाल जी बोले–"गोपालजी! भाषा के नाते हमारा किसी भी भाषा से विरोध नहीं है। किंतु उर्दू को यदि भारतीय भाषा के रूप में मान्यता चाहिए हो तो उसे पहले भारतीय बनना पड़ेगा। उर्दू का मूल विदेश में है। भारत में रहने वाले ईसाई यदि कल को यह माँग करने लगें कि अंग्रेजी को भारतीय भाषा के रूप में मान्यता दी जाए तो क्या हम उनका आग्रह स्वीकार कर लेंगे? अलग भाषा तथा अलग संस्कृति को स्वीकार करने के कारण हमने देश के विभाजन को एक बार अनुभव किया है। अब तो हम देश का विभाजन कर सकने वाले किसी भी अलगाव के किसी भी आग्रह को स्वीकार नहीं कर सकेंगे।"

इसी प्रकार उर्दू के विषय पर श्री शंकर प्रसाद जायसवाल ने पंडित दीनदयाल जी से प्रश्न किया–"सदैव यह आक्षेप किया जाता है कि जनसंघ में मुसलमान नहीं आते। पंडितजी! हम मुसलमानों को कैसे आकृष्ट कर पाएँगे?"

पंडितजी ने इसका उत्तर इस प्रकार दिया–"सामान्यत: देखा गया है कि मुसलमान समाज सत्ताधारी पक्ष को समर्थन देता है। कल हम सत्ता में आते हैं तो वे हमारे साथ हो लेंगे। इसलिए अभी उनकी चिंता आप छोड़ दें।"

चुनाव अनिवार्य

प्रत्येक राजनीतिक दल को चुनाव अवश्य लड़ना चाहिए। इस पर पंडितजी ने कहा है कि हर परीक्षा में एक प्रश्न अनिवार्य हुआ करता है। शेष प्रश्नों के लिए विकल्प दिए होते हैं। राजनीतिक दलों की बात भी कुछ ऐसी ही है। उनकी परीक्षा में चुनाव एक अनिवार्य प्रश्न होता है। इसका कारण पंडितजी ने इस प्रकार बताया–"चुनाव के समय लोग बात समझ लेने की मानसिकता में रहते हैं। विभिन्न दलों के विचार सुनने तथा उनको तुलनात्मक दृष्टि से परखने का अवसर लोगों को

मिलता है। हमें इसका लाभ अवश्य लेना चाहिए। चुनाव के बहाने दल के संसाधनों को भली-भाँति जुटाया जाता है। कार्यकर्ताओं की संख्या भी बढ़ाई जा सकती है। चुनाव में हार भी जाएँ तब भी दल का संगठन आगे बढ़ता ही है।"

सत्रह स्थान–

चुनाव से संबंधित एक प्रसंग श्री रघुनाथ पोद्दार का है। वे अपने संस्मरण में लिखते हैं–"यह बिहार प्रदेश की घटना है। उस समय बिहार में ईसाई मिशनरियाँ तेजी से धर्मान्तरण के काम में लगी हुई थीं। वे हिन्दुओं को ईसाई धर्म में परिवर्तित करने का काम कर रही थीं। पंडितजी को इसकी जानकारी दी गई। तब विचार हुआ कि विधानसभा चुनाव के समय इन ईसाई मिशनरियों की गतिविधियाँ सबके सामने लाने की बात हुई और यह भी विचार हुआ कि कितने स्थानों पर चुनाव लड़ा जाए। सभी ने अपने-अपने विचार रखे। कोई 13 तो कोई 14 स्थान बताता, लेकिन पं. दीनदयाल जी ने कहा–"पूरे सत्रह स्थानों पर लड़ना चाहिए। क्योंकि पूरे सत्रह के सत्रह स्थानों पर लड़ेंगे नहीं तो धर्मान्तरण के संकट का सामना हम कैसे कर पाएँगे?" उनकी इस बात को मानकर सभी सत्रह स्थानों पर प्रत्याशी खड़े किए गए जिसमें से उन प्रमुख पाँच स्थानों के चुनाव में प्रत्याशी विजयी हुए जिन क्षेत्रों में धर्मान्तरण का कार्य तेजी पर था।"

अटूट निष्ठा–

यह प्रसंग उस समय का है जब दरभंगा में संघ-शिक्षा वर्ग कार्यक्रम हो रहा था। यह संस्मरण श्री मधुकर देव जी की कलम से है–

दरभंगा में संघ-शिक्षा वर्ग का शिविर चल रहा था। बौद्धिक वर्ग के समय जब दीनदयाल जी को बौद्धिक वर्ग के लिए कहा गया तब उनके आने पर उनका परिचय इस प्रकार दिया गया–"आज आपके समक्ष बौद्धिक वर्ग लेने वाले हैं पंडित दीनदयाल उपाध्याय। आप पहले संघ के प्रचारक थे और आजकल जनसंघ के महामंत्री हैं।"

पंडितजी आए और बोले–"मेरा परिचय कराते समय जो कहा गया कि मैं संघ का प्रचारक था, वह ठीक नहीं है। मैं तो आज भी संघ का प्रचारक ही हूँ।"

इस प्रकार उन्होंने संघ के प्रति अपनी अटूट निष्ठा प्रकट की।

मातृभूमि की सेवा–

ऐसा ही एक प्रसंग श्री भानुप्रताप शुक्ल ने लिखा है–

वर्ष 1954 में संघ-शिक्षा वर्ग शिविर बरेली में लगा था। जनसंघ की स्थापना हुए लगभग तीन वर्ष हुए थे। इस संघ-शिक्षा वर्ग में चर्चा के समय एक कार्यकर्ता ने पंडितजी से कहा–"पंडितजी! क्या आपको नहीं लगता कि आपके दल के कारण संघ को बहुत हानि हो रही है? मुझे तो लगता है कि इससे संघ की प्रगति मानो कुंठित-सी हो गई है। आपका क्या विचार है?"

यह सुनकर पंडित दीनदयाल जी उसकी मनःस्थिति समझकर बोले–"भाई! मेरे दल से आप इतने रुष्ट क्यों हैं? इतना क्रोध आपको क्यों आता है?"

कार्यकर्ता बोला–"क्या आपको नहीं लगता कि आपके जैसे अनुभवी और कुशल कार्यकर्ता संघ का ही काम करते रहते तो संघ का काम बहुत बढ़ जाता? संघ के एक से एक बढ़िया कार्यकर्ता जनसंघ का काम करते रहे तो उसका संघ के कार्यों पर प्रभाव नहीं होगा, यह कैसे कहा जा सकता है?"

पंडितजी ने पूछा–"क्यों जी, आप कितने भाई हैं?"

"हम पाँच भाई हैं।"

"आपके सबसे बड़े भाई क्या काम करते हैं?"

"वे अभियंता (इंजीनियर) हैं।"

"उनसे छोटे?"

"उनसे छोटा मैं हूँ। मैं शिक्षक हूँ।"

"आपसे छोटे?"

"वह अभी पढ़ रहा है।"

"आपके पिताजी भी हैं न?"

"जी हाँ। परिवार की देखभाल वे ही करते हैं।"

"पंडितजी बोले–"मिल गया न आपको अपने प्रश्न का उत्तर?"

उस कार्यकर्ता ने पूछा–"पंडितजी कुछ समझाकर बताइए।"

पंडितजी ने कहा–"देखिए, आपके एक भाई अभियंता हैं। आप शिक्षक हैं। दोनों ने भिन्न व्यवसाय आरम्भ किए हैं। तो आपके परिवार की स्थिति इससे सुधरी है या बिगड़ी है?"

“सुधरी है।”

“तो फिर बताइए कि संघ के कार्यकर्ता विभिन्न कार्यक्षेत्रों में फैल जाते हैं, तो संघ की स्थिति सुधरी मानी जानी चाहिए या बिगड़ी हुई? मेरे भाई! दिन भर हम कहीं भी काम करते हों, तब भी दिन ढलने पर घर आकर अपनी कमाई से हम परिवार-प्रमुख की शक्ति बढ़ाते ही हैं। संघ के विभिन्न कार्यों का फल यदि एक ही स्थान पर संचित होता हो, तो संघ दुबला हो रहा है, कैसे कहा जा सकता है? हमारा ध्येय मातृभूमि का नाम सभी क्षेत्रों में उज्ज्वल करना ही तो है न? हम जनसंघ का काम करते हों और कुछ भिन्न भाषा बोलते हों, तब भी मूल लक्ष्य हमारी आँखों से कभी ओझल नहीं होता। किंतु मैं आपको एक बात और बताता हूँ। यहाँ एकत्रित संघ-बंधुओं की इच्छा यदि ऐसी है कि मैं फिर से संघ का ही कार्य करूँ और आज मैं जो कर रहा हूँ उससे यदि आपको लगता है कि संघ की हानि हो रही है, तो मेरे वह काम करते रहने में क्या तर्क है? मैं फिर से संघ-शाखा बढ़ाने में लग जाता हूँ। कहिए, आपका क्या निर्णय है?”

तटस्थता का गुण–

यह प्रसंग श्री भाऊराव देवरस ने स्वयं अनुभव करके लिखा है। उनके अनुसार–“हमारे तीस वर्ष के सहचर्य में उनके मन के विरुद्ध मैंने केवल एक ही बात की और वह थी उन्हें जौनपुर से लोकसभा के लिए चुनाव लड़ने को विवश करना। 1962 के लोकसभा चुनाव में वाजपेयी के हारने के कारण जनसंघ की दृष्टि से लोकसभा में एक प्रकार की रिक्तता उत्पन्न हो गई थी। उसे भरने के लिए सब की सम्मति थी कि पंडितजी चुनाव लड़ें। लेकिन पंडितजी इसके लिए अपनी सहमति नहीं दे रहे थे। उनका कहना था कि ‘मैं स्वयंसेवक और प्रचारक हूँ। चुनाव लड़ना मेरे लिए उचित नहीं होगा। प्रचारक भी चुनाव लड़ते हैं, ऐसी गलत परिपाटी इससे पड़ जाएगी और भविष्य में संगठन पर इसका विपरीत परिणाम होगा।’ हम सभी सहयोगियों ने एक मत से उन्हें चुनाव लड़ने के लिए कहा, तब कहीं वे माने। लेकिन वे चुनाव में हार गए। उसके दूसरे दिन ही वे काशी में संघ के वर्ग में पहुँच गए। वहाँ उनका आचरण देखकर हम सभी लोग आश्चर्य में पड़ गए कि इतने बड़े

चुनाव में हारने वाले क्या ये ही दीनदयाल जी हैं? उनका अत्यंत शांत और सहज आचरण देखकर मैं स्वयं दंग रह गया था।"

प्रकृति का पोषण न कि शोषण–

पं. दीनदयाल जी लगभग सभी विषय में चर्चा करते थे। उन्होंने मानव द्वारा प्रकृति के लगातार शोषण के विषय पर कहा है–

"उद्देश्यपूर्ण, सुखी एवं विकासशील जीवन के लिए जिन भौतिक साधनों की आवश्यकता होती है, वे साधन हमें अवश्य प्राप्त होने चाहिए। ईश्वर द्वारा निर्मित सृष्टि का सूक्ष्म अध्ययन करने पर हमें दिखाई देगा कि कम से कम इतना प्रावधान ईश्वर ने निश्चित ही कर रखा है। किंतु यह मानकर कि ईश्वर ने मनुष्य का जन्म केवल उपभोग के लिए किया है, हम यदि सारी शक्ति एवं उपलब्ध साधन-सम्पदा को निरंकुशता से खर्च करने लगें तो वह कदापि उचित नहीं होगा। इंजन चलाने के लिए कोयले की आवश्यकता होती है, किंतु कोयले की खपत के लिए इंजन नहीं बनाया जाता। कम से कम ईंधन का उपयोग कर अधिक से अधिक शक्ति का कैसे निर्माण किया जाए, इसके लिए हम प्रयत्नशील होते हैं। यही दृष्टिकोण उचित है। उसी प्रकार मानवीय जीवन के उद्देश्य को आँखों से ओझल न होने देते हुए कम से कम ईंधन (उपभोग सामग्री) से अधिक से अधिक गति उत्पन्न कर हम अपने ध्येय को प्राप्त कर सकें, ऐसी व्यवस्था करनी चाहिए। यह व्यवस्था करते समय मानव-जीवन के एकाध पक्ष का ही विचार न करते हुए उसके सम्पूर्ण जीवन का एवं अंतिम लक्ष्य का विचार भी आवश्यक है। यह व्यवस्था प्रकृति का शोषण करने वाली न होकर, उसके पोषण के लिए सहायक बनने वाली होनी चाहिए।

वस्तुतः प्रकृति से हमें उतनी ही सामग्री और वह भी इस ढंग से लेनी चाहिए कि उसकी भरपाई प्रकृति अपने आप कर सके। उदाहरण के लिए वृक्ष से बीज लेने पर उसकी हानि नहीं होती, अपितु लाभ ही होता है। किंतु भूमि से अधिक उत्पादन लेने के लालच में आजकल हम ऐसे प्रयोग कर रहे हैं जिनके कारण कुछ समय बाद भूमि की उत्पादन-क्षमता ही समाप्त हो जाएगी।

आधुनिक पाश्चात्य संस्कृति मुख्यतः भौतिकवादी एवं भोग-प्रधान

होने के कारण सृष्टि में मनुष्य ही सबसे मुख्य मान लिया गया है। मानवेत्तर सृष्टि केवल उसकी सुख-सुविधा के लिए है, प्रकृति पर विजय पाकर मानव उसे अपनी सेवा में जोत लेता है, ऐसी पाश्चात्य संस्कृति की भूमिका है। भारतीय संस्कृति ने भी यह बात मानी है कि मानव-जीवन तथा उसके विकास में प्रकृति का शोषण या दोहन न करके मानव अपना विकास करे, बल्कि प्राकृतिक संपदा का पोषण और संवर्धन करे तथा प्रकृति मानव का पालन-पोषण और संवर्धन करे। यह भूमिका परस्पर पूरकता की है, संघर्ष की नहीं।"

एकाकी सिद्धि व्यर्थ–

मोक्ष के विषय पर पण्डित दीनदयाल जी ने 'राष्ट्र जीवन की दिशा' में लिखा है–

"मुक्ति कभी व्यक्तिगत नहीं होती, यह समष्टिगत होती है। समाज विपन्नावस्था में हो, तब भी उसे उसके हाल पर छोड़कर मैं अकेले मोक्ष प्राप्त कर सकता हूँ, ऐसी गलत धारणा लिए कई लोग चलते हैं। समाज मुक्त होगा तो उसका स्तर ऊँचा उठेगा; वह उन्नत होगा, तभी व्यक्ति को शांति प्राप्त होगी। इसी के लिए परमात्मा बार-बार अवतार धारण करता है। हमारे यहाँ किसी भी पुराण में आपको ऐसा वर्णन नहीं मिलेगा कि परमात्मा ने अवतार लिया और वह कहीं किसी गुफा में जाकर अपनी मुक्ति के लिए तप करने बैठा।

केवल व्यक्तिगत मोक्ष की आकांक्षा रखकर कोई योगाभ्यास आदि करे, तब भी उसे मुक्ति नहीं मिलेगी। मुक्ति इतनी छोटी-सी बात नहीं जो समाज को वैसा ही रखकर, वैसा ही छोड़कर एकांत में ध्यान लगाकर बैठने से प्राप्त हो जाएगी। ऐसे साधक को, हो सकता है, एकाध सिद्धि प्राप्त हो जाए, लेकिन जब तक उस सिद्धि का उपयोग वह अपने चारों ओर फैले समाज-बंधुओं को उन्नत करने के लिए नहीं करता, तब तक वह सिद्धि भी व्यर्थ ही है।"

एकमेव लक्ष्य–

पं. दीनदयाल उपाध्याय ने अपनी पुस्तक 'भारतीय अर्थनीति विकास की एक दशा' में देश की आर्थिक दशा. के संबंध में कहा है–

"स्वराज्य से पहले हम हर प्रश्न को राजनीतिक दृष्टिकोण

से देखा करते थे। अब प्रत्येक प्रश्न को हम केवल आर्थिक दृष्टिकोण से देखने लगे हैं। देश का आर्थिक विकास ही हमारा एकमेव लक्ष्य बन बैठा है। मानव-जीवन की वास्तविकता, उसका उद्देश्य एवं हेतु, उस जीवन के उच्चतम आदर्श जैसी अत्यंत महत्त्व की बातों के बारे में एक एकांगी एवं विकृत दृष्टिकोण सर्वत्र प्रसारित किया जा रहा है। साध्य एवं साधन का विवेक समाप्त हो रहा है। अर्थोत्पादन जीवन की एक अत्यावश्यक बात न रहकर जीवन ही बन बैठा है। मानव-जीवन का लक्ष्य और उस जीवन में अर्थ का क्या स्थान है,- इसके बारे में निश्चित कल्पनाएँ समक्ष न होने के कारण ऐसा मार्ग ही हम निश्चित नहीं कर सकते हैं जिस पर चल कर पैसा और समृद्धि दोनों का धर्म के अनुकूल उपभोग करते बने। मंदिर के बाहरी आकार-प्रकार का सब प्रकार से विचार करते समय भी हम यदि इस सत्य को भुला देते हैं कि मंदिर को उसमें प्रतिष्ठापित मूर्ति के कारण ही मंदिर कहते हैं, तो हमारे सारे प्रयत्न व्यर्थ सिद्ध होंगे।"

पुरुषार्थहीनता–

पुरुषार्थ के विषय में पण्डितजी ने 'एकात्म मानववाद' में कहा है–

"यह बात निर्विवाद है कि समाज के हर व्यक्ति को अपने जीवन-विकास के लिए कुछ न्यूनतम बातों की गारंटी मिलनी चाहिए। अब प्रश्न यह उपस्थित होता है कि यह न्यूनतम सबके लिए लाएँ कहाँ से? इसका स्पष्ट उत्तर यह है कि प्रत्येक सक्षम व्यक्ति को उसका अपने प्रयत्नों एवं पुरुषार्थ से निर्माण करना होगा। पुरुषार्थहीन अर्थात् उत्पादक कर्म न करने वाला सक्षम व्यक्ति समाज पर केवल बोझ होता है। जिस समाज-व्यवस्था या अर्थव्यवस्था में व्यक्ति की न्यूनतम आवश्यकता तो पूर्ण हो जाती है, लेकिन उसके पुरुषार्थ के लिए कोई अवसर नहीं होता, उस व्यवस्था में व्यक्ति का विकास एकांगी ही रहेगा। मनुष्य को भगवान् ने पेट और हाथ दोनों दिए हैं। हाथों के लिए काम न हो तो पेट को अन्न प्राप्त होने पर भी व्यक्ति सुखी नहीं होता। निःसंतान स्त्री को जिस प्रकार अपने जीवन की अपूर्णता व्यथित करती रहती है, उसी प्रकार बेकार अथवा पुरुषार्थहीन व्यक्ति भी अपूर्ण ही रहेगा।"

पूर्णतावादी एकात्मवादी–

चतुर्विध पुरुषार्थ के विषय में पं. दीनदयाल जी ने कहा है–

"इस प्रकार हमारी संस्कृति में मानव की प्रकृति को ध्यान में लेकर उसके शरीर, मन, बुद्धि एवं आत्मा, सबका विचार अपने सामने रखा है। मनुष्य की सभी प्रकार की क्षुधाएँ (भूख) पूरी करने की व्यवस्था उसने की है, किंतु यह सावधानी भी बरती है कि एक भूख मिटाने के प्रयास में दूसरी भूख शांत करने का मार्ग कहीं बंद न हो जाए या कोई तीसरी विपरीत भूख का निर्माण न हो जाए। भारतीय संस्कृति में चारों पुरुषार्थ का संकलित विचार किया गया है।

ये चारों पुरुषार्थ आपस में जुड़े हुए हैं। अब यहाँ यह मानना पड़ेगा कि कई बार अनेक वस्तुओं में किसी एकाध को ही विशेष महत्त्व देना पड़ता है और अन्य वस्तुएँ अपेक्षाकृत गौण रह जाती हैं। यद्यपि यह सत्य है कि मनुष्य के लिए अन्न व जल दोनों आवश्यक हैं, किंतु प्यास लगी तो अन्न की अपेक्षा पानी की आवश्यकता अधिक होती है। इसके विपरीत, भूख लग जाए तो पानी की अपेक्षा अन्न की आवश्यकता अधिक प्रतीत होती है। इसी प्रकार कभी अर्थ को, कभी धर्म को, कभी काम को, तो कभी मोक्ष को प्रधानता देनी पड़ती है, परंतु विचार सभी पुरुषार्थों का करना होता है। राष्ट्रीय स्वयंसेवक संघ के शारीरिक कार्यक्रम में एक प्रकार है षट्पदी। षट्पदी में अपनी दृष्टि चारों मोहरों पर घूमती रहती है, परंतु मान लीजिए कोई तीसरे मोहरे पर से आक्रमण करे तो हमें उसी मोहरे पर पैर जमाकर उस आक्रमण का प्रतिकार करना होगा। मुझसे यदि कोई पूछे कि आप किस वाद को मानते हैं? तो मैं उत्तर दूँगा कि हम षट्पादीवाद को मानते हैं। हम केवल एक मोहरे पर नहीं, हम तो चारों मोहरों पर सतर्क रहने वाले लोग हैं। हम पूर्णतावादी एकात्मवादी हैं। पूर्ण मानव की, एकात्म मानव की यह संकल्पना हमारा आराध्य है, हमारी सभी आराधनाओं का निष्कर्ष और साधन है। इन दिनों पाश्चात्य देशों में जो नाना प्रकार की विचारधाराएँ चलीं और उनके चलन सामाजिक, आर्थिक अथवा राजनीतिक व्यवस्थाएँ खड़ी हो गईं, वे मानव कल्याण का; मानव की उन्नति का उद्दिष्ट साध्य करने में असफल रहीं। इसका मुख्य कारण यही है कि उन्होंने शरीर, मन, बुद्धि और आत्मा से युक्त चारों

पुरुषार्थों को मानव के सामने नहीं रखा और उसके स्थान पर मानव की एकांगी और कई बार विकृत प्रतिमा अपने समक्ष रखी और उन व्यवस्थाओं का निर्माण किया।"

धर्म और जीवन–

आजीविका के विषय में पं. दीनदयाल उपाध्याय ने कहा है कि–"कमाई करने के साधनों का स्वरूप ऐसा निश्चित करना चाहिए कि व्यक्ति के काम और प्रत्यक्ष जीवन के बीच कोई दीवार खड़ी न हो। यह स्वरूप निश्चित करते समय हमें अपने सम्मुख हृदय, बुद्धि तथा शरीर–तीनों की क्षुधाएँ रखने वाला हाड़मांस का मनुष्य होना चाहिए, अन्यथा काम के आठ घंटों के मानवी सद्‌गुणों के लिए हानिकारक होने वाले दुष्प्रभावों को दूर करने में ही उसके शेष सोलह घंटे बीत जाया करेंगे और वह फिर से आठ घंटों के चक्कर में फँस जाएगा।"

संघर्ष की भूमिका–

जीवन संघर्ष के विषय में पंडित दीनदयाल जी ने कहा है–"मानव का स्वभाव सचमुच ही संघर्ष का हो, यदि उसकी प्रत्येक कृति की प्रेरणा दूसरे को निगल कर स्वयं जीने की हो, तो हम उसे दूसरों के लिए जीना या दूसरों को प्यार करना नहीं सिखा सकेंगे। ऐसी अवस्था में प्रेम और सहयोग की भावना पैदा हुई भी, तो वह एक प्रबल शत्रु के सामने अपनी दुर्बलता एवं पराजय की भावना में से ही होगी। किंतु ऐसा आधार तात्कालिक ही रहेगा। उसके परिणामस्वरूप मनुष्य में सद्‌भावना, त्याग, सेवा, सहिष्णुता, परोपकार आदि जिन गुणों की रचना होगी, वह केवल एक नीति के रूप में ही रहेगी। वे गुण मानव के या समाज-जीवन के अंग नहीं बन सकेंगे। संघर्ष की भूमिका से स्वेच्छापूर्वक एवं चिरस्थायी सहयोग की संभावना कभी निर्मित नहीं की जा सकती।

संसार में जहाँ हम स्नेह, सहकार, सहिष्णुता देखते हैं, वहीं असहिष्णुता, वैर और संघर्ष भी पाते हैं। किंतु असहिष्णुता, वैर या संघर्ष को हम अपने जीवन की आधारभूत प्रवृत्ति नहीं मानते। यह संसार संघर्ष के नहीं, सहयोग के आधार पर ही टिका है। हम विकासवादी हैं तो सृष्टि के इस नियम को हमें स्वीकार करना होगा। असहिष्णुता, वैर और संघर्ष के स्थान परम्परावलंबन, परस्परानुकूलता, परस्पर पूरकता और सहयोग

की भूमिका से जीवन के सभी कार्यकलापों का विश्लेषण करना होगा और उसकी भावात्मक दिशा निर्धारित करनी होगी।"

भविष्य की दिशा और दशा–

जनसंघ के मुम्बई अधिवेशन में पंडित दीनदयाल जी ने जनसंघ के सिद्धांत और नीति विषय पर प्रेरक भाषण दिए थे। उनके मुख्य अंश यहाँ देना समीचीन होगा।

"जब तक अंग्रेजों का हमारे देश पर साम्राज्य था, देश में चले सभी आंदोलनों एवं राजनीति का लक्ष्य स्वराज्य प्राप्त करना ही था। स्वराज्य मिल जाने के बाद हमारा स्वरूप क्या होगा, हम किस दिशा की ओर चलेंगे आदि विषयों का किसी ने कोई विचार नहीं किया था। बिल्कुल ही विचार नहीं हुआ था, ऐसा तो नहीं कहा जा सकता। गांधीजी ने 'हिन्द स्वराज्य' में लिखकर स्वाधीनता के बाद भारत का चित्र कैसा रहेगा, इस संबंध में अपने विचार व्यक्त किए थे। उससे पहले लोकमान्य तिलक ने 'गीता-रहस्य' लिखकर स्वाधीनता आंदोलन की तात्त्विक भूमिका का विवेचन किया था। इसके अतिरिक्त काँग्रेस और अन्य राजनीतिक दलों ने समय-समय पर जो प्रस्ताव पारित किए थे, उनमें भी इसी प्रकार के विचार प्रकट हुए थे। परंतु इस विषय का जितनी गंभीरता से अध्ययन होना आवश्यक था, वह नहीं हुआ था। इसका एक कारण था सबके सामने एक ही बात थी कि पहले अंग्रेजों को यहाँ से भगा दें, उसके बाद अपने घर की रचना कैसी हो, यह सोचते रहेंगे। संभवतः देश के स्वाधीन होते ही, अब देश के मार्गक्रमण की दिशा क्या हो, इसका विचार हमारे सम्मुख आना चाहिए था। किंतु आश्चर्य की बात यह है कि इस प्रश्न का गंभीरता से विचार उतना नहीं हुआ, जितना कि होना चाहिए था। आज देश स्वाधीन हुए कई वर्ष बीत गए हैं और अब भी, देश के भविष्य की दिशा निश्चित हो गई है, ऐसा दृढ़ता से नहीं कहा जा सकता।

अंग्रेजों के चले जाने के बाद देश की राजनीति, समाज-व्यवस्था, जीवनादर्श आदि पर विदेशी शासकों के विचारों का जो प्रभाव था, वास्तव में दूर हो जाना चाहिए था, लेकिन दूर होने की बजाए वह उत्तरोत्तर अधिकाधिक बढ़ता गया। उनकी वेशभूषा, रीति-रिवाज, भाषा आदि बातें हमारे देश में घुस गईं। समाजशास्त्र, नीतिशास्त्र, राज्यव्यवस्था

आदि विषयों में भी उन्हीं की बातें हमारे यहाँ भी प्रमाण मानी जाने लगीं। वेद, उपनिषद्, स्मृति, गीता और रामायण के स्थान पर मिल्स, हेगल, एडम स्मिथ, मार्क्स, एंजल्स के वचन यहाँ प्रमाण माने जाने लगे।

वस्तुतः प्रत्येक राष्ट्र के लिए अपने 'स्व' का विचार करना आवश्यक होता है। स्वत्व के बिना स्वराज्य का कोई अर्थ नहीं होता। आखिर प्रत्येक राष्ट्र अपनी प्रकृति के अनुसार प्रयास करते हुए सुखी और सम्पन्न जीवन व्यतीत कर सकने के लिए ही स्वतंत्रता की अभिलाषा रखता है। अपनी प्रकृति के साथ मेल न खाने वाली विचारधारा अथवा कार्यप्रणाली का आधार लेने वाले राष्ट्र पर अनेक विपदाएँ आती हैं। हमारे देश के सामने आज जो संकट है उनका भी यही मुख्य कारण है।

इसके साथ ही हमें यह भी सोचना होगा कि किंकर्त्तव्यविमूढ़ अवस्था में फँसे आज के विश्व को प्रगति-पथ पर अग्रसर करने के लिए क्या हम कुछ कर सकते हैं? हमें चाहिए कि आज की दुनिया पर बोझ बनकर न रहते हुए, केवल अपने स्वार्थ का ही विचार न करते हुए, अपनी संस्कृति और परम्परा में दुनिया को देने योग्य क्या-क्या बातें हैं, इसका चिंतन कर जागतिक प्रगति के कार्य में सहयोग दें। विगत अनेक वर्षों से हमारा सारा ध्यान स्वाधीनता-संग्राम में और आत्मरक्षा के कार्यों में लगा रहा, अतः दुनिया के अन्य राष्ट्रों की तुलना में हम बराबरी में खड़े नहीं हो सके। परंतु अब हम स्वाधीन हो गए हैं। अब हमें इस कमी को पूरा करना चाहिए।"

भविष्य का भारत–

पं. दीनदयाल जी की प्रथम बरसी (11 फरवरी, 1969) पर श्रद्धांजलि स्वरूप 'आर्गेनाइजर' में पंडितजी का वह लेख प्रकाशित हुआ था जिसमें पंडितजी ने कहा था–"आज मानव जाति के सम्मुख अनेक मूलभूत और भ्रम में डालने वाली समस्याएँ खड़ी हैं, जैसे निम्न बातों का तालमेल कैसे बिठाया जाएगा :

- व्यक्ति-स्वातंत्र्य और सामाजिक अनुशासन।
- व्यक्तिगत संघर्ष के लिए प्रेरणा और समता की ललक।

- आर्थिक विकास और सामाजिक न्याय।
- जीवन में अनुस्यूत मूलभूत एकता और बाह्यत: दिखाई देने वाली विविधता।
- राज्यों की अधिसत्ता और औद्योगिक एवं नागरी, स्वशासन।
- व्यवस्था और उत्स्फूर्तता।
- सामाजिक सुव्यवस्था और राज्यविहीनता।
- बुद्धिवाद एवं बुद्धि का कार्य और उसकी मर्यादाओं का बोध।
- विशिष्ट विषयों में विशेषज्ञता और समग्र दृष्टि।
- भौतिक प्रगति और आध्यात्मिक उन्नति।
- राष्ट्रीय स्वावलंबन और अंतर्राष्ट्रीय सहकार्य।

इसके अतिरिक्त निम्न वांछनीय बातों को सुनिश्चित और स्थायी कैसे किया जा सकता है–

- स्वतंत्रता चाहिए, स्वेच्छाचार नहीं।
- अनुशासन चाहिए, साँचा-बंद अवस्था नहीं।
- प्रतिष्ठा चाहिए, किंतु साथ ही सुविधाओं की गठरी नहीं।
- एकता चाहिए, एकरूपता नहीं।
- स्थिरता चाहिए, निष्क्रियता या अवरुद्धता नहीं।
- गतिमानता चाहिए, साहसवाद नहीं।
- शासनसत्ता हो, किंतु शासन ही सर्वसमर्थ न हो।
- प्रौद्योगिक प्रगति चाहिए, मानवीय गुणों का लोप नहीं।
- भौतिक समृद्धि चाहिए, ऊबड़-खाबड़ 'जड़वाद' नहीं।
- समाज में तली से शीर्षबिन्दु तक श्रेणियों की खड़ी (ऊर्ध्वाधर) रचना चाहिए, क्षैतिज तल के वर्गभेद नहीं।
- मानवतावाद स्पृहणीय, किंतु मानवकेंद्रितता नहीं चाहिए।

राष्ट्रीय स्तर पर भी चुनौतियाँ देने वाली अनेक समस्याएँ हैं जिनका समाधान तुरंत करना होगा। उदाहरण के लिए–

- सेवायोजना (रोजगार) के बढ़ते अवसर और अद्ययावत् तंत्रविज्ञान।
- उत्पादन की विकेंद्रित प्रणाली और अधिक उत्पादकता।
- राष्ट्रीयकरण और सार्वजनिक उत्तरदायित्व।
- नगरीकरण का वेग और सांस्कृतिक वातावरण।

- निचले स्तर पर छोटी-छोटी योजनाएँ और राष्ट्रीय स्तर पर सुसंवादी वृहत् योजनां।
- नानाविध स्वाभाविक जनसमूहों का एकात्मीकरण और उन जनसमूहों की विशेषताओं का परिपालन।
- भारतीय जीवन मूल्य और आधुनिक वैज्ञानिक एवं प्रौद्योगिक प्रगति।
- आधुनिक काल की आवश्यकताएँ और सनातन धर्म के आदर्श।

निम्नलिखित उद्देश्यों को हम कैसे प्राप्त करें?

- विभिन्न राष्ट्रीय संस्कृतियों द्वारा समृद्ध बना विश्वराज्य।
- जड़वाद सहित सभी सम्प्रदायों की परिपूर्णता से समृद्ध मानव धर्म की उत्क्रांति।

कहना न होगा कि यह सूची केवल उदाहरण के लिए ही है, अपने में परिपूर्ण नहीं।"

इस तरह पंडितजी ने अनेक समस्याओं को प्रस्तुत किया।

विश्वास का निर्माण–

भोपाल में हुए जनसंघ के अखिल भारतीय सम्मेलन में उन्होंने जो भाषण दिया, वह इस प्रकार है–

"आज जनसंघ, प्रजा समाजवादी दल, समाजवादी दल या काँग्रेस में मतभेदों की खाई को और अधिक चौड़ी न करते हुए उसको भुलाने की आवश्यकता है। राष्ट्रद्रोही कम्युनिस्टों को अलग-थलग करना राष्ट्रहित की दृष्टि से आवश्यक है किंतु हमारे इस प्रभाव में कोई दल अथवा व्यक्ति पूर्णत: हमारे साथ न होता हो तो ऐसे दल या व्यक्ति को बार-बार कम्युनिस्ट समर्थक कहकर उसे कम्युनिस्टों के जाल में धकेल देना उचित नहीं होगा।

हमें गाँव-गाँव जाकर समाज में आशा एवं विश्वास का निर्माण करने के लिए अग्रसर होना चाहिए। यह बात हमें जनता को समझानी पड़ेगी कि राष्ट्रद्रोही लोग पंडित नेहरू का च्यांग काइ शेक बनाने का षडयंत्र कर रहे हैं और ऐसी घोषणा करनी पड़ेगी कि चीन के उस दुर्भाग्यपूर्ण इतिहास की पुनरावृत्ति हम इस भारतभूमि में कदापि नहीं होने

देंगे। हमारे सम्मुख पन्ना धाय का आदर्श है। उसने उदय सिंह के प्राण बचाने के लिए अपने हृदय पर पत्थर रखकर अपने पुत्र की बलि चढ़ा दी थी। उत्तराधिकार के रूप में प्राप्त राष्ट्र की अस्मिता, अखण्डता और विश्वभर में सर्वश्रेष्ठ भारतीय संस्कृति एवं जीवनदर्शन के संरक्षण के लिए हम कोई भी बलिदान करने के लिए सदैव कटिबद्ध हैं।"

एक बार डॉ. श्यामबहादुर वर्मा ने पंडितजी से पूछा–"दीनदयाल जी! क्या आपको ऐसा लगता है कि सत्ता मिलने के बाद काँग्रेस जिस प्रकार भ्रष्ट हो गई है, उसी प्रकार भारतीय जनसंघ सत्ता मिलने के बाद भ्रष्ट नहीं होगा?"

यह सुनकर पंडितजी ने उत्तर दिया–"सत्ता सामान्यत: भ्रष्ट करती है। इस संबंध में पूरी दक्षता बरतने के बाद भी जनसंघ में भ्रष्टाचार आ जाता है तो हम उसे विसर्जित कर देंगे और दूसरे जनसंघ का निर्माण करेंगे और यही क्रम चलता रहेगा। भगवान् परशुराम ने 21 बार राजाओं का संहार किया था। आदर्श राजा के रूप में अंत में श्रीरामचन्द्र सामने आए। रामराज्य की स्थापना के बाद परशुराम ने वन की ओर प्रस्थान किया। हम भी अपने द्वारा निर्मित संस्थानों के बारे में मोह क्यों रखें? छोटा बच्चा गाजर के साथ खेलता रहता है और जब खिलौने के रूप में उसका उपयोग समाप्त हो जाता है तो उसे खा डालता है। अपने ही हाथों से निर्मित संस्था भी जब राष्ट्रहित के विरोध में कार्य करेगी तो ऐसी स्वनिर्मित संस्था का विनाश करना धर्म ही होता है। राष्ट्र सर्वप्रथम है, संस्था नहीं।"

पं. दीनदयाल जी ने दल के भगवे ध्वज के विषय में कहा है कि–"यही ध्वज हमें अतीत का यथार्थ ज्ञान, विश्व की उत्तम प्रेरणा तथा वर्तमान की स्वयंप्रेरित कर्म चेतना प्रदान कर सकता है।"

पं. दीनदयाल जी के विषय में गुरुजी (सरसंघचालक श्री गोलवलकर) ने जौनपुर में भाषण देते हुए कहा था–"दीनदयाल जी का राजनीतिक क्षेत्र की ओर कतई झुकाव नहीं था। पिछले वर्षों में कितनी ही बार मुझसे उन्होंने कहा कि 'यह आपने मुझे किस झमेले में डाल दिया। मुझे फिर से प्रचारक का काम करने दें।' मैंने कहा कि भाई तुम्हारे सिवा इस झमेले में किसको डालें? संगठन के कार्य के प्रति जिसके मन में इतनी अविचल श्रद्धा और दृढ़ निष्ठा है वही इस झमेले में रहकर कीचड़ में

अस्पृश्य रहता हुआ सुचारु रूप में वहाँ की सफाई कर सकेगा। दूसरा कोई नहीं कर सकेगा।"

जनसामान्य के लिए दर्द–

यह प्रसंग श्री यज्ञदत्त शर्मा का उस समय का है जब वे पंडितजी के साथ रेल द्वारा किसी कार्यवश जा रहे थे। श्री यज्ञदत्त जी ने लिखा है कि एक बार वे दीनदयाल जी के साथ रेलगाड़ी में यात्रा कर रहे थे। जिस डिब्बे में वे यात्रा कर रहे थे, उसी डिब्बे में भीख माँगने वाली दो महिलाएँ चढ़ीं। साथ में दो पुलिस वाले भी चढ़े। उनमें से एक ने उन महिलाओं को डाँटा और दूसरा डंडे से उनकी पिटाई करने लगा। यह देखकर दीनदयाल जी से रहा नहीं गया और पुलिस वाले के पास जाकर उन्होंने उसका हाथ रोकते हुए कहा–"इन बेचारियों को क्यों मार रहे हो? यह उचित नहीं है।" तो पुलिसवाला बोला–"ये चोरियाँ करती हैं, उसके कारण आप जैसे यात्रियों को ही कष्ट होता है। आप चुपचाप अपने स्थान पर जाकर बैठ जाइए और मुझे मेरा कार्य करने दीजिए।"

यह सुनकर पंडितजी को बहुत क्रोध आया और वे बोले–"ये महिलाएँ अपराधी हों तो न्यायाधीश उन्हें दंड देगा। इनकी इस प्रकार अमानवीय पिटाई करने का तुम्हें कोई अधिकार नहीं है।" यह कहकर उन्होंने उस पुलिसवाले का हाथ पकड़ लिया। तब जाकर पुलिसवाले को उन्हें छोड़ना पड़ा।

यज्ञदत्त जी ने आगे लिखा है कि 'हम लोग इतने वर्षों से साथ काम कर रहे हैं लेकिन पंडितजी का इस प्रकार भयानक रूप से क्रोधित होना मैंने पहली बार देखा था। साधारण-सी महिलाओं के लिए उनके दिल में इतना दर्द।'

मातृभूमि के चरणों में–

पंडित दीनदयाल जी के जीवन का यह प्रसंग अत्यंत महत्वपूर्ण है जिसमें उन्होंने अपने सभी शैक्षिक प्रमाण पत्र जला डालने का आदेश दिया था। यह प्रसंग श्री बसंत अण्णा वैद्यजी ने लिखा है जो जनसंघ के कार्यकर्ता थे और कई बार उन्हें पं. दीनदयाल जी का सान्निध्य प्राप्त हुआ। श्री अण्णा वैद्यजी ने लिखा है–उनके शब्दों में–"यह लखीमपुर

की बात है। मैं और पंडित दीनदयाल जी पीलीभीत से आए थे। उनका सामान साथ ही था। दीनदयाल जी ने मुझसे उनके सामान में से एक डिब्बा लाने को कहा। जब मैं डिब्बा लेकर आया तो उसमें से पंडितजी ने एक पत्र निकाल कर कहा कि बाकी बचे सभी कागजों को जला दो। मैंने देखा वह कागज व्यर्थ के नहीं थे अपितु उनके वे प्रमाण पत्र थे जो उन्होंने अपने छात्र जीवन में प्राप्त किए थे। तो मैंने सोचा पंडितजी ने ऐसा क्यों कहा। मैंने उनसे कहा कि पंडितजी, इन प्रमाण पत्रों को तो रहने दीजिए। आपके उज्ज्वल यश के साक्षी हैं ये। यह सुनकर पंडितजी बोले–"मैंने अपना सारा जीवन मातृभूमि के चरणों में अर्पित कर दिया है, इसलिए इन अनुशंसा पत्रों की अब मुझे कोई आवश्यकता नहीं है।" उनकी आज्ञा मानकर एक-एक प्रमाण पत्र अग्नि की भेंट चढ़ाते हुए मुझे असीम पीड़ा हो रही थी। किंतु पंडितजी का मुखमंडल एक-एक प्रमाण पत्र की होली के साथ दीप्तिमान होकर निखर रहा था।"

अहंकार से परे–

पं. दीनदयाल जी ने अहंकार को कभी अपने ऊपर चढ़ने नहीं दिया। यह प्रसंग उनके उसी व्यक्तित्व के विषय में है। यह प्रसंग वर्ष 1960 का है। उत्तर प्रदेश के कानपुर में संघ-शिक्षा वर्ग का शिविर था। उसमें पंडित दीनदयाल जी को बौद्धिक वर्ग लेना था। यह घटना दोपहर के भोजन के पश्चात् की है। भोजन करने के बाद सभी अपना-अपना लोटा लिए नल पर हाथ धोने के लिए पंक्तिबद्ध थे। उसी पंक्ति में धोती-कुर्ते में एक कार्यकर्ता भी था। इस समय कार्यकर्ता कभी शरारत भी कर लिया करते थे। सभी एक-एक करके नल पर पानी भरकर हाथ-मुँह धो रहे थे। जब धोती-कुर्ते वाले कार्यकर्ता की बारी आई तो उसने जैसे ही अपना लोटा नल के नीचे रखा तो किसी स्वयंसेवक ने उनका लोटा उठाया और फेंक दिया। यह देखकर धोती-कुर्ते वाला शांत भाव से गया और अपना लोटा उठाकर सबसे पीछे खड़ा हो गया और उसने अपनी बारी आने पर हाथ-मुँह धोया। सभी अपने-अपने कार्य में लग गए। कुछ समय बाद बौद्धिक वर्ग होना था जब समय हुआ तब धोती-कुर्ते वाला वही कार्यकर्ता खड़ा हुआ और उनके परिचय में कहा गया–"आपके सामने आज पं. दीनदयाल जी उपस्थित हैं। वे बौद्धिक वर्ग लेंगे।"

यह सुनते ही लोटा फेंकने वाले उस स्वयंसेवक का मन ग्लानि से भर गया कि उसने एक वरिष्ठ नेता का उपहास किया। उस कार्यकर्ता से रहा नहीं गया। वह उस शिविर के संचालक के पास गया और सारी व्यथा सुना दी और बोला–"मैंने तो स्वप्न में भी यह नहीं सोचा था कि पंडित दीनदयाल जी इतने साधारण और अहंकार से परे होंगे।" यह घटना उनके अहंकार से परे होने को इंगित करती है।

आत्मा का सुख–

पंडित दीनदयाल जी ने आत्मा के विषय में भी वर्णन किया है जो उनके लेखों के संग्रह 'राष्ट्रजीवन की दशा' में हैं। उनके अनुसार–

"केवल प्रारंभिक आवश्यकताओं की पूर्ति ही मानव-जीवन का उद्देश्य नहीं है। भौतिक आवश्यकताओं के साथ ही मनुष्य की आधिभौतिक और आध्यात्मिक आवश्यकताएँ भी होती हैं। केवल साँस चलती रखने के परे मानव जीवन का एक निश्चित और सबसे निराला लक्ष्य होता है। उपनिषदों ने इस लक्ष्य का वर्णन 'आत्मा वाअरे द्रष्टव्यः श्रोतव्यः मन्तव्यः निदिध्यासितव्यः'–इन शब्दों में किया है। किंतु आत्मा के सही स्वरूप के बारे में विभिन्न विचारधाराएँ हैं। अनेक विचारकों ने इस विश्व का आदिकारण और उसका कर्ता-धर्ता-हर्ता, सर्वशक्तिमान, सर्वव्यापी, परब्रह्म परमेश्वर को माना है। वही अखिल विश्व-संचालक, एकमेव शक्ति है। परब्रह्म अपने में परिपूर्ण होने तथा सत्यम् शिवम् सुंदरम् की पूर्ण अनुभूति होने के कारण मानव इन गुणों की ओर आकर्षित होता रहता है और जीवन के प्रत्येक क्षेत्र में इन गुणों की आंशिक अनुभूति लेते हुए पूर्ण साक्षात्कार के लिए वह प्रयत्नशील रहता है। किंतु कतिपय विद्वानों को इस अदृश्य शक्ति में विश्वास नहीं। उनके मत में केवल दृश्य जगत् ही एकमेव सत्य है। ये लोग भौतिक सुख-साधनों से युक्त जीवन को चरम लक्ष्य मानकर उन सुखों की प्राप्ति के लिए आवश्यक प्रयास करते रहने में ही मानव जीवन की सार्थकता मानते हैं। इन लोगों को ईश्वर का अस्तित्व ही स्वीकार नहीं।

किंतु कुछ गहराई में जाकर सोचें तो हमारे ध्यान में आएगा कि मानव जीवन में एकता का अनुभव कराने वाला और सभी मानवों का जीवन सुखी हो, ऐसी जो मानव मात्र की इच्छा दिखाई देती है, उसका

प्रेरक, निश्चय ही इस दृश्यमान जगत् से निराला कोई इंद्रियातीत परमतत्त्व अवश्य ही होगा। वह तत्त्व इस दिखाई देने वाले जगत् में व्याप्त है और वही हर प्राणी के अंत:करण में सम्पूर्णत: एकात्मता की भावना का निर्माण करता है। इस शक्ति को आप चाहे जो नाम दे दें, एक बात स्पष्ट है कि उसी के साथ एकरूप होने की दिशा में प्रत्येक मनुष्य जाने-अनजाने में चलता रहता है। मानव मात्र के कल्याण की भावना किसी स्वार्थ भावना का परिणाम नहीं है। वह आत्मानुभूति की इच्छा और बोध का परिणाम है। मनुष्य अज्ञानवश उस आत्मशक्ति को संकुचित करने का प्रयास करता है, किंतु उस परमतत्त्व की सर्वात्मकता उसका यह अज्ञान दूर करने के लिए निरंतर प्रयत्नशील रहती है।"

शरीर–मन, बुद्धि और आत्मा का समुच्चय है। व्यक्ति के सर्वांगीण विकास की बात करते हुए इन चारों बातों की ओर ध्यान जाना आवश्यक है। शरीर, मन, बुद्धि एवं आत्मा के सुख क्रमश: निर्वाह के साधन, शांत ज्ञान तथा तादात्मय-भाव के सहारे प्राप्त होते हैं।

बुद्धि का सुख भी अंतिम और चिरानंद-सुख नहीं है। बुद्धि के सुख से भी श्रेष्ठ होता है आत्मा का सुख। माँ अपने बच्चे को गोद में लेकर इसी आत्मिक सुख का अनुभव करती है। यह सुख आत्मा की विशालता का सुख होता है। एक बार इस सुख को पहचान लिया तो मनुष्य उसकी खोज में अधिकाधिक विशालता को स्वीकार करता जाता है।"

सम्पत्ति का प्रभाव–

पं. दीनदयाल जी ने अपनी पुस्तक 'भारतीय अर्थनीति : विकास की एक दिशा' में अर्थ के प्रभाव के विषय में कहा है–"सम्पत्ति और उसके द्वारा प्राप्त होने वाले भोग-विलासों में आसक्ति पैदा हो जाए तब कहना चाहिए कि सम्पत्ति का प्रभाव पैदा हो गया है। ऐसा व्यक्ति, जिस पर केवल पैसे की धुन सवार हो गई हो, देश, धर्म और जीवन के सुख आदि सब बातों को भुला बैठता है। उसी प्रकार विषयासक्त मनुष्य पौरुषहीन होकर अपने एवं दूसरों के विनाश का कारण बन जाता है। सम्पत्ति के प्रभाव के पहले प्रकार में सम्पत्ति साधन न रहकर साध्य बन जाती है। दूसरे प्रकार में सम्पत्ति धर्माचरण का साधन न रहकर भोग-विलास का साधन बन जाती है। विषय तृष्णा की कोई सीमा न

होने के कारण विषयासक्त व्यक्ति को सदैव अर्थ का अभाव घेरे रहता है। पौरुषहीनता के कारण अर्थोत्पादन की उसकी क्षमता भी उत्तरोत्तर कम होती जाती है।"

इस प्रकार पंडितजी ने इन शब्दों के माध्यम से आवश्यकता अनुरूप उपभोग करने पर बल दिया है। क्योंकि उन्हीं के अनुसार वह व्यक्ति जिस पर धन की धुन सवार हो जाती है देश, धर्म एवं जीवन के जो वास्तविक सुख हैं उन सभी को खो देता है।

व्यक्ति और समाज–

पं. दीनदयाल जी ने अपने विचारों के माध्यम से व्यक्ति का समाज के प्रति संबंध को भी व्यक्त किया है। व्यक्ति और समाज के संबंध के प्रति उनके विचार हैं–

"हम अपने व्यक्तिगत हित व अहित का विचार करते हुए ही समाज के हित और अहित का विचार करें, यही उचित व्यवस्था है। व्यक्ति का हित व समाज का हित, दोनों में कोई विरोध या संघर्ष नहीं है। कुछ लोग हमसे पूछते हैं कि आप व्यक्तिवादी हैं या समाजवादी? हमारा उत्तर होता है कि हम व्यक्तिवादी भी हैं और समाजवादी भी। भारतीय विचारधारा के अनुसार हम व्यक्ति की उपेक्षा नहीं करते और समाज-हित का विचार भी ओझल नहीं होने देते। क्योंकि हम समाज के हितों का विचार करते हैं इसलिए हम समाजवादी हैं, किंतु साथ ही हम व्यक्ति की भी उपेक्षा नहीं करते इसलिए हम व्यक्तिवादी भी हैं। किंतु हम व्यक्ति को सर्वेसर्वा नहीं मानते, इसलिए हमारा कहना होता है कि हम व्यक्तिवादी नहीं है। किंतु साथ ही हम यह भी नहीं मानते कि समाज को व्यक्ति की सभी स्वतंत्रताओं का अपरहण करने का अधिकार है और उसे किसी एक सीमा में बाँधकर निर्जीव यंत्र के समान उससे काम लेने का अधिकार है। इसलिए हम समाजवादी भी नहीं है। हमारी मान्यता है कि व्यक्ति के बिना समष्टि की कल्पना करना भी असंभव है और समष्टि के बिना व्यक्ति का मूल्य शून्य है। भारतीय संस्कृति में व्यक्ति और समाज, दोनों का समन्वित कल्याण साध्य करने की दृष्टि से ही सारा चिंतन प्रस्तुत किया गया है।"

समाज की आत्मा–

पं. दीनदयाल जी ने लेख संग्रह की पुस्तक 'राष्ट्रजीवन की दिशा' में अपने विचार द्वारा यह सिद्ध करने का प्रयास किया है कि समाज की भी आत्मा होती है। उनके अनुसार–

"समूह के भी शरीर, मन, बुद्धि और आत्मा होते हैं। उदाहरण के लिए 40 लोगों का एक क्लब है। ये 40 लोग मिलकर उस क्लब का शरीर तैयार करते हैं। इकट्ठे होकर, इकट्ठे रहकर एक क्लब बनाने की इच्छा अथवा संकल्प उस क्लब का मन होता है। यह इच्छा न हो तो क्लब का निर्माण नहीं होगा। यह इच्छा समाप्त हो जाए तो क्लब भी विसर्जित हो जाएगा। इस इच्छा के मूर्तरूप लेने पर क्लब का कारोबार सुचारु ढंग से चलाने के लिए कुछ व्यवस्थाएँ करनी पड़ती हैं। सदस्यता, पदाधिकारियों के चुनाव, चंदे आदि के बारे में सोच-समझकर कुछ नियम बनाने पड़ते हैं। इन नियमों के सहारे क्लब का कारोबार ठीक ढंग से चल सकता है। (ये नियम और व्यवस्थाएँ क्लब की बुद्धि हैं) लेकिन क्लब बनाना ही पर्याप्त नहीं होता। क्लब के कुछ उद्देश्य भी होते हैं। यह उद्देश्य केवल मनोरंजन का हो, मनोरंजन के साथ सेवा का हो अथवा कुछ और हो, क्लब का कारोबार अंतत: इस लक्ष्य को सामने रखकर ही चलाया जाता है। यह उद्दिष्ट या लक्ष्य ही उस क्लब की आत्मा है।"

तुष्टीकरण गलत–

पं. दीनदयाल जी ने अपने भाषणों में भारतीय राजनीतिज्ञों के विषय में कहा है–

"भारतीय राजनीतिज्ञों की सबसे बड़ी भूल यह है कि वे भारत के भाषिक, धार्मिक, आर्थिक आदि समाज-जीवन के विविध क्षेत्रों में विविध वर्गों का स्वतंत्र अस्तित्व मानकर चलते हैं। इस प्रकार जिनका स्वतंत्र अस्तित्व मान लिया गया है उन विविध वर्गों में एकता एवं सामंजस्य कैसे निर्मित किया जाएगा, इसी दिशा में आज तक इनके सभी प्रयास चल रहे हैं। इन वर्गों का स्वतंत्र अस्तित्व मानकर उनके तुष्टिकरण की नीति पर चलते हुए राजनीतिक क्षेत्रों के लोग उनकी अस्मिता एवं स्वार्थ को जब तक बढ़ावा देते हैं, तब तक राजनीति गलत

दिशा में ही चलती रहेगी। सत्य यह है कि सम्पूर्ण भारत एक है। भारत की सारी जनता एक है और उसे इस एकता को अनुभव करते हुए ही यहाँ रहना है। अनेक अवयवों को जोड़कर शरीर का निर्माण नहीं होता। वास्तव में एक शरीर के अनेक अवयव होते हैं। पहले विचार में अनेक को वास्तविक मानकर उनमें एकता की कल्पना करने का प्रयास है, तो दूसरे में एक को सत्य मानकर अनेक को उसी एक के विविध रूपों में स्वीकारने का दृष्टिकोण है।"

संन्यास : अखंड कर्मयोग–

पं. दीनदयाल उपाध्याय जी ने संन्यास विषय पर अपने विचार इस प्रकार प्रकट किए हैं–

"लोगों की धारणा है कि अपने देश और अपने समाज में से किसी की भी परवाह न करते हुए लोगों से दूर कहीं किसी कोने में धूनी रमाकर बैठने वाला ही संन्यासी होता है। लेकिन संन्यासियों के बारे में यह धारणा एकदम गलत है। संन्यास निष्क्रियता का प्रतीक न होकर महान् कार्यों का प्रेरणा-स्थान है। संन्यास का अर्थ है अखंड कर्मयोग।

हमारे यहाँ के साधु-संन्यासी लोग जीवन के सभी मोहों से मुख मोड़कर अपना सम्पूर्ण जीवन देश और समाज की सेवा के लिए लगा देते थे। वे सदा सर्वत्र अखंड भ्रमण करते थे। तीन दिन से अधिक समय वे किसी भी स्थान पर नहीं रहते थे। अपनी परम्परागत पद्धति से इस समाज को ज्ञानसम्पन्न, समर्थ एवं सुखी बनाने के लिए ये संन्यासी अखंड कर्मशील रहते थे। देश की हर नई पीढ़ी को राष्ट्रभक्ति के पाठ देने का काम संन्यासियों ने ही किया। उनके त्याग, परिश्रम और सेवा के कारण सारा भारत एकता के सूत्र में बँध गया। ऐहिक बंधनों से मुक्त उनका त्यागमय जीवन सभी प्रांतों के लोगों के लिए, सभी भाषा-भाषियों के लिए आदरणीय एवं वंदनीय हो गया। आज के जैसे प्रवास के सुगम साधन उन दिनों नहीं थे। फिर भी उन्होंने भगीरथ-प्रयत्न कर यह कार्य कर दिखाया।"

वर्ण व्यवस्था–

पं. दीनदयाल उपाध्याय ने 'राष्ट्रजीवन की दिशा' में वर्ण व्यवस्था के संबंध में कहा है–

"सैकड़ों-हज़ारों वर्षों की दीर्घ कालावधि के सामाजिक उत्थान-पतन की उत्तुंग लहरों के आघातों के कारण यह व्यवस्था आज दुर्बल हो गई है। इस व्यवस्था में दोष खोजने वालों के मन में इस व्यवस्था को समाप्त करने का विचार आए, इतने दोष आज इसमें घुस गए हैं, अनेक विकृतियाँ इसमें पैदा हो गईं हैं और हमें उन तमाम विकृतियों को दूर करना होगा, यह भी सच है।"

इसका अर्थ यह हुआ कि वर्ण व्यवस्था का कुछ लोग सद्भावना के साथ जो विरोध करते हैं, उनसे पंडित दीनदयाल जी सहमत हैं। लेकिन किसी व्यवस्था में किन्हीं कारणों से दोष उत्पन्न हो गया है, इसलिए लगे हाथ वह पूरी व्यवस्था ही त्याज्य हो जाती है, इस निष्कर्ष से वे सहमत नहीं। उनके अनुसार किसी व्यवस्था का मूल्यमापन इतने उथले ढंग से करना ठीक नहीं। इस संबंध में उन्होंने एक मौलिक विचार रखा। उन्होंने कहा–"इस व्यवस्था के बारे में एक सत्य को हमें ठीक ढंग से समझ लेना होगा। व्यवस्था के दो अंग हैं–एक भीतरी और दूसरा बाहरी। भीतरी भावना और बाहरी चौखट हर व्यवस्था में होते हैं। आंतरिक सिद्धांत की अभिव्यक्ति के लिए कुछ न कुछ बाहरी चौखट आवश्यक होती है, किंतु आंतरिक सिद्धांत ही अंत में महत्वपूर्ण होता है। यह आंतरिक सिद्धांत ही उस व्यवस्था की नींव होता है। उसे समझ लेना ही उस व्यवस्था के रहस्य को समझ लेना होता है।"

'राष्ट्रजीवन की दिशा' में उनका एक लेख है–"सामंजस्यपूर्ण समाज-व्यवस्था"। इस लेख के माध्यम से उन्होंने वर्ण व्यवस्था के सिद्धांत को प्रकट किया है–

"समाज–जीवन की विविध आवश्यकताओं में से किसी न किसी आवश्यकता को पूरा करने में सहभागी होकर व्यक्ति के लिए समष्टिधर्म का पालन करना सुलभ हो और साथ ही अपना विकास करते हुए वह समाज-सेवा के लिए अधिकाधिक समर्थ बने, इसी दृष्टि से हमारे यहाँ वर्ण व्यवस्था का जन्म हुआ। समाज की आवश्यकताएँ विविध प्रकार की होती हैं। कुछ बौद्धिक होती हैं, कुछ अंतर्बाह्य सुरक्षाविषयक होती हैं। खेती, पशुपालन, हस्तोद्योग, कला, जीवन के लिए आवश्यक विविध वस्तुओं का उत्पादन एवं वितरण आदि कितने ही कार्य समाज में सुचारु ढंग से

चलाने पड़ते हैं। समाज की ये सभी आवश्यकताएँ व्यक्ति के परिश्रम से ही पूरी होनी होती हैं। प्रत्येक व्यक्ति द्वारा अपने-अपने गुण-कर्म के अनुसार समाज की सेवा करते बने, उसमें जो श्रेष्ठ गुण हैं उनकी अभिव्यक्ति एवं विकास हो, और इस प्रक्रिया के चलते समाज भी आगे बढ़े, इस दृष्टिकोण से समाज के अंदर की गई व्यावहारिक व्यवस्था को ही वर्ण व्यवस्था का नाम दिया गया है। इस व्यवस्था के कारण व्यक्ति को अपने जीवन के कार्य एवं निर्वाह के साधन उपलब्ध होते थे और समाज की विविध आवश्यकताएँ भी पूरी होती थीं।

जिनमें साहस, पौरुष, पराक्रम आदि बातें थीं, वे समाज की सुरक्षा के लिए अग्रसर हुए। जिनका रुझान ज्ञान-साधना की ओर था, उन्होंने ज्ञान-विज्ञान में प्रगति करने तथा पठन-पाठन करने का क्षेत्र चुना। कला, विद्या, वाणिज्य, व्यापार, गोपालन आदि बातों में निपुण रहे लोगों ने समाज के भरण पोषण का दायित्व अपने ऊपर लिया। जिनके लिए इनमें से कुछ भी करना संभव नहीं था, उन्होंने समाज की छोटी-मोटी आवश्यकताओं को पूरा करने का दायित्व स्वीकार किया।

वर्ण व्यवस्था में जो लोग ऊँच-नीच का भेद देखते हैं, वे वास्तव में अंधे हैं। वर्ण व्यवस्था विभेदकारी न होकर एक एकात्म व्यवस्था है। एक व्यक्ति में जैसी एकात्मता होती है, वैसी ही एकात्मता इस समाज-पुरुष में भी हो, ऐसी भावना से इस व्यवस्था का निर्माण किया गया। समूचे समाज को सभी प्रकार के भौतिक एवं आध्यात्मिक सुख सुलभता से प्राप्त करा देने वाली यह व्यवस्था है।"

मताधिकार की पात्रता–

यह प्रसंग बाबा साहब ने लिखा है। उनके और पं. दीनदयाल जी के मध्य हुए संवाद के विषय में उन्होंने लिखा है कि शिक्षा अथवा सम्पत्ति के आधार पर मताधिकार की पात्रता निर्धारित करना उन्हें अन्यायकारी लगता था। वे कहते थे कि पानी में उतरे बिना तैरना नहीं आ सकता। यह सुनकर मैं बोला-"गहरे पानी में उतरे बिना तैरना नहीं आ सकता, यह पूर्ण सत्य नहीं है। तैरना न जानने वाला व्यक्ति गहरे पानी में पैठ क्यों लगाएगा? उसके लिए तो मार्गदर्शक की

आश्यकता होती है। हवाभरी रबर की नली तो कम से कम बाँधनी ही पड़ती है।"

इतना सुनकर दीनदयाल जी बोले–"मतदाताओं का मार्गदर्शन करने वाली दो शक्तियाँ लोकतंत्र में होती हैं–एक राजनीतिक दल एवं दूसरी समाचार पत्र।" तब मैं बोला–"यह काम ठीक से और पर्याप्त मात्रा में नहीं हो पाता, यही तो व्यथा है। आज तक हुए चुनावों के परिणामों को देखते हुए क्या आप सचमुच सोचते हैं कि कोई आशा की जा सकती है? काँग्रेस बहुत ही कम स्थानों पर हारी है और जहाँ हारी भी है, राष्ट्रवादी दलों के हाथों नहीं हारी है।"

यह सुनकर दीनदयाल जी ने उपयुक्त विस्तृत उत्तर दिया लेकिन उनके उत्तर का सार यह है कि 'हमारा समाज सदियों तक दासता में रहा है। आज नहीं तो कल वह अवश्य ही लोकतंत्र के मूल्यों को समझते हुए मतदान करेगा और इस कार्य में कुछ समय तो लगेगा ही।' यह उत्तर सुनकर मैंने पूछा–"कितना समय?" उन्होंने प्रत्युत्तर दिया–"दस वर्ष पर्याप्त हैं और आपके रहते आप इसे देखेंगे।"

उनके वे शब्द आज के समय में वास्तव में सिद्ध हो रहे हैं।

दूसरा प्रसंग श्री शिवकुमार अस्थाना ने लिखा है। वे दीनदयाल जी के साथ ही थे और यह घटना तभी घटी थी। उस घटना को श्री शिवकुमार जी ने अपने शब्दों में पिरोया। इस घटना के विषय में वे लिखते हैं–"घटना 1952 की है। आम चुनावों का समय था। दीनदयाल जी कई चुनावी दौरे कर चुके थे। इसी क्रम में मैं और दीनदयाल जी बस द्वारा एक चुनाव सभा के लिए रामनगर जा रहे थे। बस यात्रा के समय पंडितजी को लघुशंका के लिए कई बार जाना पड़ रहा था। उन्हें परेशानी हो रही थी। बार-बार जाने से यात्री भी कुछ परेशान थे। एक जगह बस रुकी तो पंडित जी लघुशंका के लिए गए। उन्हें थोड़ा विलम्ब हो गया। यह देखकर बस में बैठे एक सरदारजी क्रोध में आ गए। मैंने उन्हें समझाया लेकिन वे नहीं माने। तब तक पंडितजी भी आ गए और यह संवाद सुनकर सरदारजी से क्षमा प्रार्थना करते हुए कहने लगे–"सरदारजी! माफ कीजिए। स्वास्थ्य कुछ खराब है, इसलिए थोड़ी देर हो गई।" इस प्रकार क्षमा प्रार्थना की बात सुनकर सरदारजी थोड़ा शांत हुए। हम लोग रामनगर पहुँचे तो सभा में वे

सरदारजी भी थे। सभा के पश्चात् वे सरदारजी पंडितजी के पास आए और हाथ जोड़कर बोले–"माफी मुझे आपसे माँगनी चाहिए। बस में मैं आपके साथ बहुत ही बेवकूफी से पेश आया।"

पं. दीनदयाल जी ने उन्हें माफ कर दिया और सरदारजी चले गए।

उपर्युक्त संस्मरणों, विचारों के अतिरिक्त उस महान् व्यक्तित्व से जुड़ें अनेक संस्मरण हैं जो उनके साथियों ने उनके साथ प्रवास के समय अनुभव किए। प्रस्तुत संस्मरण लोगों के लिए प्रेरणास्रोत हैं, जीवन में उतारने योग्य हैं। क्योंकि महापुरुषों के कार्य उनके विचार आदि ही हमें जीवन में आगे बढ़ने की प्रेरणा देते हैं। अच्छे कार्य, अच्छे मार्ग को अपनाने की प्रेरणा देते हैं।

•••

10

राष्ट्रचिंतन

पं. दीनदयाल जी ने अपने चिंतन के रूप में राष्ट्र को जो साहित्य प्रदान किया, वह सैकड़ों लोगों का प्रेरणास्रोत हो सकता है। इस अध्याय में दी गई सामग्री उनके चिंतन की एक बानगी भर है।

संघ भी परिवर्तन चाहता है–

"एक आरोप सदैव लगाया जाता है कि संघ पुराणपंथी है, प्रगतिविरोधी है, या प्रतिक्रियावादी है। किंतु सब जानते हैं कि विश्व में सदा परिवर्तन होते रहते हैं। ऐसे परिवर्तन से शाश्वत तत्त्व नष्ट नहीं होते। हम भी नव-रचना चाहते हैं, किंतु ऐसी नव-रचना के लिए शाश्वत तत्त्व को हम छोड़ना नहीं चाहते। हम जब तक जीवित हैं, गौरव के साथ जीना चाहते हैं। जीवन के शाश्वत तत्त्व का विकास करते हुए होने वाले सभी परिवर्तन हमें स्वीकार हैं। किंतु अपनी पहचान की अभिव्यक्ति भी संसार में करना चाहते हैं। उसकी रक्षा, विकास तथा उन्नति के लिए जो भी अत्याधुनिक परिवर्तन आवश्यक होंगे हम करेंगे। ज्ञान, विज्ञान एवं संस्कृति–सभी क्षेत्रों में अपना विकास करने के लिए जो भी परिवर्तन करना आवश्यक हो, हम स्वीकार करेंगे। जैसे शरीर अपने पोषण के लिए, अपनी शक्ति के अनुसार अनेक बाह्य वस्तुओं को स्वीकार करता है, वैसा ही हम भी करेंगे। शरीर की त्वचा बदलती रहती है, किंतु वह परिवर्तन स्वाभाविक रूप से होता है, अस्वाभाविक या कृत्रिम उपायों से नहीं। केवल नूतनता की चाह से शरीर में परिवर्तन करते रहना इष्ट नहीं होता। हम नवीनता के विरोधी नहीं हैं। पुराणता के अभिमान के कारण

हम अपनी रूढ़ियों अथवा मृत परम्पराओं का संरक्षण करना नहीं चाहते। अपने मृत पिता या दादा का शरीर उनके प्रति असीम आदर रखते हुए हम संभाल कर नहीं रखते भी उल्टे उसका दाह-संस्कार कर अस्थियों का भी विसर्जन कर देते हैं।

किंतु नवीनता की चाह में अनेक विदेशी विचारधाराओं का हमारे देश में प्रवेश हो गया है। यह प्रवृत्ति हानिकर है। वे विचारधाराएँ केवल विदेशी हैं इसलिए हम उनका विरोध नहीं करते। प्रेम, सहयोग एवं सद्‌भावना से अपने जीवन के लिए अनेक बातों को हम विदेशों से सीख सकते हैं।"

सांस्कृतिक स्वतंत्रता आवश्यक–

"15 अगस्त, 1947 को हमने एक लड़ाई जीती है। अपने विकास के मार्ग के रोड़ों को दूर करने के लिए हमें स्वतंत्रता की आवश्यकता थी। अब हमारी आत्मानुभूति का मार्ग प्रशस्त हो गया है। अब मानव की प्रगति के लिए हमें सहायता करनी है। हमारी आत्मा अंग्रेजी शासन के विरुद्ध विद्रोह कर उठी। केवल इसलिए नहीं कि वे अंग्रेज थे, बल्कि इसलिए कि हमारे दैनिक जीवन में अंग्रेजी रीति-रिवाज तथा विदेशी दृष्टिकोण.स्थिर होता जा रहा था। उसके कारण सारा वातावरण दूषित होने लगा था। अब अंग्रेजों के जाने के बाद उनके स्थान पर हमारे अपने रक्त-मांस के लोगों का राज्य आ गया है, इसका हमें हर्ष है। किंतु अब हमारी अपेक्षा है कि जिस समाज ने उन लोगों को बनाया है, उसकी भावनाओं की धड़कनें उनके हृदय में उठनी चाहिएँ। उस समाज के लिए अनुकूल तथा उसकी प्रकृति एवं स्वभाव के अनुरूप प्रणालियों के निर्माण का प्रयास उन्हें करना चाहिए। ऐसा नहीं होता है तो यही कहना होगा कि अब भी स्वतंत्रता की यह लड़ाई पूरी होनी है।

हमें आर्थिक, सामाजिक, सांस्कृतिक तथा आध्यात्मिक स्वतंत्रता चाहिए। स्वतंत्रता में आत्मानुभूति का होना महत्वपूर्ण है। कारण यह है कि संस्कृति शरीर में प्राण की भाँति राष्ट्र-जीवन के प्रत्येक क्षेत्र में अनुभव की जा सकती है। प्रकृति पर विजय प्राप्त करते समय मानव अपनी जीवन-दृष्टि से जो रचना करता है उसमें उसकी संस्कृति दिखाई देती है। संस्कृति कभी भी गति-शून्य नहीं होती। नदी के प्रवाह की

भाँति वह गतिमान रहती है। उस प्रवाह के साथ ही उसके कतिपय गुण-विशेषों का भी निर्माण होता है। यह सांस्कृतिक दृष्टिकोण उसके साहित्य, कला, दर्शन, स्मृति-शास्त्र तथा सामाजिक इतिहास, सब में व्यक्त होता रहता है। हम स्वतंत्र हो गए हैं तो संस्कृति का यह प्रवाह फिर से बह निकलना चाहिए। राष्ट्रभक्ति की भावना भी इसी संस्कृति से उत्पन्न होती है और यही संस्कृति राष्ट्र की सीमाओं को लाँघकर मानव-जाति के साथ उस राष्ट्र की एकात्मता का नाता जोड़ती है। इसलिए सांस्कृतिक स्वतंत्रता परमावश्यक है। उसके बिना स्वतंत्रता व्यर्थ होगी और वह टिकेगी भी नहीं।"

निरंकुश व्यक्ति-स्वातंत्र्य व तानाशाही-

"समाजवाद एवं मुक्त अर्थव्यवस्था, दोनों में तानाशाही का जन्म होता है।" उन्होंने कहा था, "हर व्यक्ति अपनी शक्ति के अनुसार काम करे तथा उसकी आवश्यकताओं के अनुसार धन मिले, इसके लिए एक विचार-सम्प्रदाय का निर्माण पश्चिम में हुआ था। किंतु इस सम्प्रदाय से तानाशाही का जन्म हुआ। कारण यह है कि इसमें गृहीत सिद्धांत मानव-स्वभाव के विपरीत हैं। काम कम करना पड़े और दाम अधिक मिले, यह मानवीय स्वभाव है। अत: वहाँ जनता की आवश्यकताओं को तानाशाही के मार्ग से कम किया जाता है। इसके विपरीत, भारतीय दर्शन स्वेच्छा से अपनी इच्छाओं को नियंत्रित करने का पक्षधर है। संन्यासी की आवश्यकताएँ कम होती हैं और समाज के लिए वह अधिक कष्ट उठाता है, इसलिए उसे अधिक सम्मान मिलता है। भारतीय परिवार में भी मुखिया अपनी आवश्यकताओं को न्यूनतम रखता है, किंतु उसे सर्वाधिक सम्मान दिया जाता है। हम अपनी आवश्यकताओं को अवश्य पूरा करेंगे, किंतु उनके दास नहीं बनेंगे।"

सारांश यह कि केवल व्यक्तिवाद पूंजीपतियों की दासता को लाता है और केवल समाजवाद मानव के व्यक्तित्व को नष्ट करता है। भारत को इन दोनों सिद्धांतों का समन्वय चाहिए। यही भारतीय विचारधारा के अनुरूप होगा। इस प्रकार नव-निर्माण की उमंगों तथा अपने जीवन के शाश्वत तत्त्वों को हम अभारतीय तत्त्वों से बचा सकेंगे और दोनों को साध सकेंगे।

हिन्दू विचार की अंतःसलिला–

"हरेक बात का कोई-न-कोई केन्द्र-बिन्दु होता है। हमारी अवस्था कुछ ऐसी है कि हमारे पास पैसा है, विद्या है, बुद्धि भी है, शरीर में शक्ति है; किंतु ये सब किस बात के लिए हैं यह बताने वाला केन्द्रीय सिद्धांत नहीं है। हमारे जीवन का केन्द्रीय तत्त्व क्या है? किसी को पता नहीं। हम सबको जोड़ने वाला तत्त्व क्या है? हरेक देश के लिए वह होता है। वह केन्द्र-बिन्दु राष्ट्र है। हमारे यहाँ राष्ट्र को केन्द्र-बिन्दु मानने के बजाय लोगों के सामने व्यक्ति को केन्द्र-बिन्दु के रूप में रखा गया। यहीं सब गड़बड़ हो गयी। लोग व्यक्तिनिष्ठ विचार करने लगे। फिर यह भी कहा गया कि हमें आर्थिक विकास के लिए काम करना है। आर्थिक विकास किसका करना है? व्यक्ति का। इसलिए उसके रहन-सहन का स्तर उठाने का विचार सामने आया। राष्ट्र का रहन-सहन ऊँचा उठे तो व्यक्ति का अपने आप उठेगा, यह विचार किसी ने नहीं रखा।

आज आवश्यकता इस बात की है कि हम अपने जीवन का ध्येय-बिन्दु निश्चित करें। एक बार यह भली-भाँति समझ में आ गया कि यह ध्येय-बिन्दु क्या है, तो सब लोग उसी दिशा में चलने लगेंगे। उस ध्येय की ओर जाने के मार्ग अलग-अलग हो सकते हैं, किंतु यह राष्ट्र हमारा है, यह देश हमारा है, यह विचार आज सबसे महत्त्व का है। एक बार यह निश्चय हो जाने पर कि राष्ट्र-देवता के मंदिर की ओर जाना है, बाकी सब बातें उस ध्येय-साधना के लिए अपने आप सुसंगत हो जाएंगी।

राष्ट्र क्या है? क्या भारत यहाँ की केवल नदियाँ या पर्वत हैं? हम लोग भारत के विचार को यहाँ के समाज का विचार मानते हैं। किंतु हम जब कहते हैं कि सब लोग राष्ट्र के लिए विचार करें, तब यह भावना करें, तब यह भावना आंतरिक होती है। हम अंग्रेजों के विरुद्ध लड़ रहे थे, इसी आंतरिक उर्मि के कारण। अंग्रेजों के चले जाने के बाद यहाँ का राज्य चलाने का दायित्व हम लोगों पर आया। किंतु हम पर कहने का ठीक-ठीक अभिप्राय क्या है? किस पर? इसका गंभीर विचार उन दिनों नहीं किया गया।

अंग्रेजों के जाने के बाद हमें राज्य मिला। किंतु 'हमारा' राज्य माने किसका राज्य? इस देश का वंश-वृक्ष कौन-सा है? इस देश में राष्ट्रजीवन का निर्माण किसने किया? हमें एक सत्य को स्वीकारना

पड़ेगा कि हमारा राष्ट्रजीवन, हिन्दू राष्ट्रजीवन है। और कोई यहाँ आता है तो उसे यहाँ हिन्दू राष्ट्रजीवन के साथ तालमेल रखकर चलना होगा। ऐसा करने के लिए मूल मानदण्ड क्या हो, यह निश्चित करना होगा। उसके बाद ही धन तथा ऋण की गणना की जा सकती है। ज्वर देखते समय हम तापमापी (थर्मामीटर) में देखते हैं। उसमें सामान्य की रेखा होती है। प्रत्यक्ष ताप उस रेखा के ऊपर है या नीचे? ऐसी गणना हम करते हैं। उसी प्रकार भारत की मानक रेखा हिन्दू राष्ट्र ही है। यह सत्य सबको विदित है। कोई इसे प्रत्यक्ष रूप में कहे, न कहे, हमारा राष्ट्रसूत्र हिन्दूसूत्र है। इस समूचे देश को जोड़ने वाला यह सूत्र प्राचीन काल से यहाँ विद्यमान है।"

धर्म का विचार–

"भारत को अधार्मिक राष्ट्र (सैक्युलर) घोषित कर देश की आत्मा पर प्रहार किया गया है। अधार्मिक राज्य में सदा दुःख ही दुःख रहता है। रावण की अधार्मिक लंका में सोना था, किंतु राम-राज्य का निर्माण वहाँ नहीं हो सका।

धर्म संघर्ष में नहीं, समझदारी में होता है। धर्म की सीख है कि एक का दूसरे से नाता समान स्वार्थ में नहीं, एक ही आत्मा का होता है। महाभारत में धर्म और अधर्म की बहुत ही सरल व्याख्या की गयी है। 'मम' अधर्म है, 'न मम' धर्म है। 'मेरा कुछ नहीं, सब तेरा है'–यह धर्म की भावना होती है और 'सब कुछ मेरा है'–यह अधर्म की धारणा होती है। इसका परिणाम यह होता है कि मनुष्य अपने को केन्द्र मानकर सारे समाज का विचार करता है। संसार को सुखी करना हो तो 'न मम' की संकल्पना का विचार करना ही पड़ेगा।

व्यक्ति की स्वतंत्रता और समाज का हित, दोनों का संकलित तालमेल बिठाना होगा। व्यक्ति स्वातंत्र्य अवश्य होना चाहिए। उस पर कोई बंधन न हो। किंतु उस स्वतंत्रता का उपयोग मनुष्य केवल अपने लिए करता हो तो वह गलत होगा। व्यक्ति को अपने लिए नहीं, समाज के लिए जीना चाहिए। तभी वह समाज की सेवा कर सकेगा।"

हिन्दू धर्माधिष्ठित वैभव के लिए–

"संघ की विचारधारा में इस राष्ट्र को परम वैभव प्राप्त कराने की बात कही गयी है। इसका अर्थ यह है कि इस वैभव को फिर से प्राप्त करने के लिए जो भी करना होगा तथा जो उसके उपयुक्त सिद्ध होगा, वही सब हम लोग करने वाले हैं। उसी प्रकार हम धर्म की रक्षा का भी उल्लेख करते हैं। फिर संघ को ठीक-ठीक क्या करना है? संगठन, धर्म-रक्षा या राष्ट्र के लिए वैभव की प्राप्ति? वस्तुत: ये सभी बातें एक-दूसरे से जुड़ी हैं। प्रकाश के लिए बिजली चाहिए, किंतु बिजली का दिया (बल्ब) भी चाहिए। हम परमात्मा से आशीष माँगते हैं कि हमारी संगठित कार्यशक्ति धर्म की रक्षा करते हुए राष्ट्र को परम वैभव की ओर ले जाए। इस एक वाक्य में सबकुछ समाया हुआ है।"

संघ एकात्मवादी है–

"जब हमसे कोई पूछता है कि 'आप व्यक्तिवादी हैं या समाजवादी?' तब मैं सदा कहा करता हूँ कि हम दोनों का विचार करते हैं। हम पूर्णतावादी, एकात्मवादी, आत्मवादी तथा संघवादी हैं। हम सब एक चेतना एवं एक आत्मा को मानते हैं।

हिन्दू समाज का संगठन करने का अर्थ यही है कि समाज में एक ही चैतन्य भर दें, तथा उसके एकात्म जीवन का विचार करें।"

व्यक्ति व समाज–

"शरीर, मन, बुद्धि, आत्मा का समेकित निवास है व्यक्ति। उसके सुख का अर्थ है इन सबका सुख। इनमें से किसी एक का ही विचार करें तो वह अपूर्ण विचार होगा। हमारे यहाँ तो पूर्व जन्म का भी विचार किया जाता है। अकेले व्यक्ति के सुख का विचार करते समय हम इन चारों घटकों का विचार करते हैं। उसी प्रकार समाज के सुख का विचार करते समय भी इन चारों बातों का भी विचार करना चाहिए। व्यक्ति के जन्म से ही उसका सुख समाज पर निर्भर होता है।"

भारतीय तथा पाश्चात्य विचार–

भारत की सारी विचारधारा सहयोग एवं परस्परपूरकता को प्रधानता देती है। पश्चिमी लोगों की सारी विचारधारा संघर्ष पर आधारित है। स्पर्धा उनके जीवन का आधारभूत तत्त्व है। हमारी प्रत्येक सामाजिक संकल्पना

व्यक्ति की पूर्णता का विचार करती है। पाश्चात्य विचारधारा में मनुष्य के शरीर का विचार प्रमुख माना जाता है। भारतीय विचारधारा में मनुष्य की बौद्धिक, मानसिक एवं आध्यात्मिक आवश्यकताओं को प्रधानता दी गयी है। पश्चिम का सारा बल संघर्ष पर है। व्यक्ति और समाज में संघर्ष के प्रसंग भी आ जाते हैं, किंतु यह अवस्था स्वाभाविक नहीं होती, अपवादरूप होती है। वह धर्म नहीं, विकृति है।

मूल में संघर्ष का तत्त्व होने के कारण पश्चिमी विचारकों में भी दो धड़े हो गए। एक धड़ा व्यक्ति को प्रमुख मानने वाले विचारकों का तथा दूसरा समाज में प्रमुखता देकर व्यक्ति को गौण मानने वालों का। पहले धड़े के विचारक समाजहित की मर्यादाओं के ऊपर व्यक्तिगत हित को बिठाते हैं। दूसरे धड़े के विचारक व्यक्ति हित तथा व्यक्ति-स्वातंत्र्य को पूर्ण रूप से नकारते हैं।

पाश्चात्यों की जीवन-रचना डार्विन के इस सिद्धांत पर की गयी है कि अंत में बलवान ही जीवित रहता है।"

चिरंतन स्वयंसेवकत्व–

"हम अपने आपको हिन्दू कहते हैं, इसका अर्थ क्या है? हमारी जीवन-पद्धति का नाम हिन्दू है। इसलिए हमारा स्वयंसेवकत्व जीवनभर चलने वाला है, क्षणिक नहीं। डॉ. हेडगेवार ने समाज के लिए जीने वाले स्वयंसेवकों का निर्माण किया। हमारा हिन्दुत्व ही हमारा स्वयंसेवकत्व है। हमारा व्यवहार ऐसा होना चाहिए कि लोगों को लगे कि हिन्दू ऐसा तेजस्वी होता है।"

वैचारिक पृष्ठभूमि–

"आज भारतीय जनता चार विचारधाराओं में बँट गई है–एकसंस्कृतिवाद, द्विसंस्कृतिवाद, साम्प्रदायिकतावाद तथा बहुसंस्कृतिवाद। एकसंस्कृतिवाद का पक्ष राष्ट्रीय स्वयंसेवक संघ, पुरुषोत्तमदास टंडन जैसे कांग्रेसजन तथा अधिकांश भारतीय जनता लेती है। दूसरा पक्ष बहुसंस्कृतिवादियों का है। इसमें कम्युनिस्ट हैं। तीसरा पक्ष द्विसंस्कृतिवादी लोगों का है। काँग्रेस के कुछ नेता एवं मुस्लिम लीग आदि लोग इस पक्ष में हैं। चौथा पक्ष साम्प्रदायिकतावादियों का है। इसमें मुल्ला-मौलवी आते हैं। पंथ के आधार पर वे भारत की पुनर्रचना करना चाहते हैं। ये वर्ग वास्तव में चार

प्रवृत्तियों के प्रतीक हैं—अर्थवादी, राजनीतिवादी, सम्प्रदायवादी तथा संस्कृतिवादी। किंतु भारत एक संस्कृति वाला राष्ट्र है। संस्कृति भारत की आत्मा है। हमारी संस्कृति ही भारतीयता का संरक्षण एवं विकास कर सकेगी।"

जनसंघ क्यों—

"हमारा कार्य व्यक्तिगत हो या सामाजिक, उसका आधार जब तक धर्म नहीं बन जाता, मनुष्य की मूल प्रवृत्ति में न तो परिवर्तन होगा, न ही समाज की आवश्यकताओं तथा व्यक्ति की आकांक्षाओं में सामंजस्य-निर्माण किया जा सकेगा। भारतीय सत्तारूढ़ दल हो या विपक्ष, दोनों ने आधारभूत सिद्धांत की उपेक्षा की है। इसलिए भारतीय जनसंघ को इसी काम के लिए जन्म लेना पड़ा है। स्वधर्म और स्वराज्य एक-दूसरे से अलग नहीं किए जा सकते। यहाँ धर्म शब्द का अर्थ उपासना, पंथ या सम्प्रदाय आदि नहीं है। समाज की धारणा करने वाला दर्शन ही उसका अर्थ है। इसलिए जनसंघ तात्कालिक सत्तानीति के लिए पैदा नहीं हुआ है। भारत के प्राचीन सांस्कृतिक मूल्यों का आधार लेकर युग के अनुकूल परिवर्तन वह करना चाहता है।"

आद्यशंकराचार्य का धर्म-संजीवन—

"शंकराचार्य हिन्दू धर्म की समन्वय-वृत्ति के ज्वलंत उदाहरण हैं। उन्होंने गौतम बुद्ध के विद्रोह का अर्थ सही प्रकार से पहचाना था। कालचक्र की गति को समझा था। उस विद्रोह के कारण देश को क्षति अवश्य पहुँची। उस काल में धर्म-चिंतकों के सामने मुख्य प्रश्न यह था कि वैदिक धर्म को सभी दृष्टियों से समर्थ एवं कालानुकूल कैसे बनाए। शाश्वत जीवन-तत्त्व के बारे हिन्दू धर्म का आग्रह यही था कि जीवन को परिपूर्ण करने के लिए आवश्यक साधनों का युग के अनुसार परिवर्तन करते समय संकोच नहीं करना चाहिए। शंकराचार्य ने प्राचीन मूल्यों का संरक्षण कर नया परिवर्तन किया। किंतु राष्ट्र की आत्मा को उन्होंने कोई चोट नहीं पहुँचायी। हिन्दू धर्म का बाह्य रूप बदल गया, किंतु आत्मा वही शाश्वत रही। राष्ट्रीय भावना को दृढ़ मूल करने वाले विविध धर्ममतों तथा सम्प्रदायों का समन्वय करने की वृत्ति भी उन दिनों प्रबल हुई। इस समन्वय का बहुत कुछ श्रेय शंकराचार्य को दिया जाना चाहिए। कर्म, भक्ति तथा ज्ञान—तीनों विचारधाराओं का संगम भी उन्हीं दिनों हुआ। उसका श्रेय भी शंकराचार्य को जाता है।"

'चिति' का प्रकाश–

"राष्ट्र की अवधारणा में ही देशभक्ति का मर्म छिपा हुआ है। हम सब राष्ट्र का विचार क्यों करते हैं? इसलिए कि हमारी यह धारणा होती है कि राष्ट्र के वैभव में ही अपना व्यक्तिगत वैभव भी समाया है। किंतु क्या इतनी स्वार्थमूलक प्रेरणा ही देशभक्ति होती है? ऐसा ही होता, तो डाकुओं की एकता और हमारी स्वार्थप्रेरित एकता में कोई अंतर ही नहीं रहता। राष्ट्रभक्ति का अर्थ है, राष्ट्रीय समाज के साथ समरस हो गया। सम्पूर्ण राष्ट्रीय समाज के प्रति ममत्व की भावना ही देशभक्ति है। उस समाज की और मेरी आत्मा एक ही है, इस भावना के कारण ही यह ममत्व पैदा होता है। व्यक्ति की भाँति राष्ट्र की भी अपनी आत्मा होती है। उस आत्मा के अस्तित्व के कारण ही सारा राष्ट्र एकात्म बनता है। राष्ट्र की उस आत्मा को हमारे शास्त्रकारों ने 'चिति' कहा है। प्रत्येक राष्ट्र की अपनी एक 'चिति' होती है। 'चिति' ही राष्ट्रीयता का चिह्न है। इसी 'चिति' के कारण प्रत्येक राष्ट्र की संस्कृति को भिन्न व्यक्तित्व प्राप्त होता है। साहित्य, कला, धर्म, भाषा–सब इसी चिति की ही अभिव्यक्तियाँ हैं। शरीर के सभी अवयव जिस प्रकार से आत्म-तत्त्व के कारण एक-दूसरे से जुड़े होते हैं, उसी प्रकार संस्कृति, धर्म, भाषा आदि बातें राष्ट्रीय आत्म-तत्त्व के साथ जुड़ी होती हैं। इस तत्त्व के कारण ही इन सबका पोषण होता है। राष्ट्र में पायी जाने वाली समाज की एकता, उसका समष्टि-जीवन, राष्ट्र के इस आत्मा या 'चिति' के कारण ही हम अनुभव करते हैं। 'चिति' के प्रकाश से ही राष्ट्र का अभ्युदय होता है। 'चिति' के विनाश के कारण राष्ट्र का पतन होता है। भारत का उत्थान करना हो तो राष्ट्र की इस 'चिति' या आत्मा का स्वरूप-दर्शन भारतीयों को कराना होगा। केवल बाहरी अंग को सजाने से राष्ट्र को वैभव प्राप्त नहीं होगा। आज की रचनात्मक देशभक्ति का उद्देश्य हमें सामने रखना होगा।"

प्रकृति, धर्म एवं संस्कृति–

"व्यक्ति व समष्टि–दोनों का संस्कृति के साथ संबंध होता है। किंतु संस्कृति मूलत: सामाजिक है। संस्कृति में समाज की आत्मा का प्रकटीकरण होता है। अर्थात् चराचर को व्याप्त कर 10 अंगुल बचने

वाले ब्रह्म की भाँति समाज का भी अपना अलग अस्तित्व होता है। किंतु समाज का व्यक्त रूप व्यक्ति में ही देखने को मिलता है। उसी प्रकार संस्कृति, सामाजिक होकर भी व्यक्ति-व्यक्ति में प्रतिबिंबित होती है। हिन्दू विचार के अनुसार व्यक्ति और समाज अभिन्न होते हैं। भारतीय विचार-प्रणाली समाजनिरपेक्ष व्यक्ति का अस्तित्व ही संभव नहीं मानती।

व्यक्ति और समाज के हितों में तालमेल बिठाना तथा उन दोनों में परस्पर विरोध-निर्माण नहीं हो, ऐसी व्यवस्था करना संस्कृति का कार्य होता है। मनुष्य का शरीर, मन, इंद्रियाँ आदि उसकी प्रकृति के अनुसार काम करते हैं। उसके कुछ नियम होते हैं। उसी को धर्म कहते हैं। किंतु इन नियमों का उल्लंघन हो जाए या व्यवहार में अतिरेक हो जाए तो हम कहते हैं कि विकृति उत्पन्न हो गयी। इस अतिरेक अथवा विकृति को टालना आवश्यक होता है। वह धर्म का काम है। इसलिए धर्म के आधार पर संस्कृति अपना काम करती है। धर्म समाज की धारणा करता है, समाज का नियमबद्ध अस्तित्व धर्म के कारण ही संभव होता है। मनुष्य आहार और व्यायाम नियमपूर्वक करें तो उसका शरीर निरोग होता है, उसी भाँति धर्म का पालन करने से समाज व्यवस्थित रूप से चलता रहता है। मनुष्यों के एक-दूसरे के साथ व्यवहार ठीक प्रकार से चलते रहते हैं।

इसलिए धर्म का सामाजिक अंग भी होता है। मनुष्य अपने लिए आवश्यक वस्तुओं का निर्माण अकेले नहीं कर सकता। उसके लिए अनेक लोगों की सहायता आवश्यक होती है। लेन-देन करना पड़ता है। ऐसा प्रबंध भी करना पड़ता है कि इस व्यवहार में संघर्ष न हो। इस प्रबंध का आधार धर्म हो तो समाज के सारे व्यवहार बिना संघर्ष के सुव्यवस्थित ढंग से चलते रहते हैं। इसलिए वैचारिक आचरण व सामाजिक व्यवहार—दोनों धर्म के आधार पर चलते हैं। इसी को समाज की धारणा कहा जाता है।

इस प्रकार मनुष्य केवल स्वार्थी न बनते हुए तथा समाज-विरोधी आचरण न करते हुए अपने जीवन के व्यवहार करता रहे, ऐसा वातावरण समाज में निर्मित करने का काम 'संस्कृति' करती है। धर्म की यह दूसरी सीढ़ी है। सारा मानव-व्यवहार स्वार्थ की प्रेरणा से नहीं चल सकता, दूसरे का हित (परहित) भी देखना पड़ता है। मनुष्य या समाज को यह प्रेरणा संस्कृति से प्राप्त होती है।"

यंत्रों की दासता–

"हमें मनुष्यत्व का संरक्षण करना हो तो उसे सबसे पहले यंत्र की दासता से मुक्त कराना होगा। आज मनुष्य यंत्रों पर शासन नहीं कर रहा, यंत्र उस पर शासन कर रहे हैं। यंत्र के इस मोह के पीछे पड़ जाने के कारण मनुष्य अपनी आवश्यकताओं को अधिकतम बढ़ाने तथा तृप्त करने के लिए दौड़-धूप करता है। इसलिए सम्पूर्ण मानव-जीवन का विचार करते समय हमें उत्पादन, वितरण तथा उपभोग–तीनों का एकत्रित विचार करना होगा। उत्पादन तथा उपभोगख्रदोनों को सार्थक जीवन जीते हुए प्राप्त कर सकें, ऐसी अर्थव्यवस्था हमें विकसित करनी होगी।"

हिन्दुत्ववाद अवश्य चाहिए–

"धर्म, अर्थ, काम, मोक्ष–चारों पुरुषार्थों पर आधारित हिन्दू जीवनदर्शन ही हमें वर्तमान संकट से उबार सकता है। विश्व की समस्याओं का समाधान समाजवाद नहीं, हिन्दुत्ववाद है। हिन्दुत्व का ऐसा जीवनदर्शन है जो जीवन का विचार साँचे में बंद ढंग से नहीं करता।

इस जीवनदर्शन को पुराने निष्प्राण कर्मकांड के साथ जोड़कर हिन्दुत्व के बारे में भ्रम नहीं करना चाहिए। हिन्दुत्व को वैज्ञानिक प्रगति के विरुद्ध मानना भी गलत है। विज्ञान तथा तंत्रविज्ञान (टेक्नॉलॉजी) का उपयोग हमारे सामाजिक तथा सांस्कृतिक जीवन के अनुरूप रीति से करना चाहिए। हमें राजनीतिक, आर्थिक, सामाजिक एवं सैद्धांतिक अग्रपंक्ति (मोर्चों) पर यंत्रवाद का सामना करना पड़ेगा। इसलिए धर्मराज्य, प्रजातंत्र, सामाजिक समानता एवं आर्थिक विकेन्द्रीकरण हमारे ध्येय होने चाहिएँ। जो इन सबका समावेश करे, ऐसा 'वाद' हमें चाहिए। फिर उसे आप जो चाहे नाम दीजिए हिन्दुत्वाद या मानवतावाद।"

भारतीय अर्थरचना के राष्ट्रीय लक्ष्य–

"हमारे देश को दीर्घ प्रयासों के बाद स्वतंत्रता मिली है। इसलिए इस राजनीतिक स्वतंत्रता को जो सुरक्षित रखे, ऐसी व्यवस्था हमें करनी चाहिए। यही हमारा प्रथम लक्ष्य है। दूसरी बात, हमारी जनतंत्रीय प्रणाली जिसमें संकट पड़ जाए या जो उसके लिए बाधक सिद्ध हो, ऐसा आर्थिक नियोजन हम न करें। तीसरा लक्ष्य है, हमारे सांस्कृतिक मूल्य अपने राष्ट्रजीवन के लिए ही नहीं, सारे संसार भर के लिए भी अत्यंत उपयोगी

हैं, अत: उनकी रक्षा करनी हैं। अपनी संस्कृति को खोकर हम आर्थिक समृद्धि लाते हैं, तो वह व्यर्थ सिद्ध होगी। चौथा लक्ष्य हमें सैनिक दृष्टि से आत्मरक्षा में समर्थ बनाने का होना चाहिए। पाँचवाँ लक्ष्य आर्थिक स्वावलंबन का हो। जो राष्ट्र आर्थिक दृष्टि से दूसरों पर निर्भर रहता है उसका स्वाभिमान नष्ट हो जाता है। स्वाभिमानशून्य राष्ट्र अपनी स्वतंत्रता की रक्षा कभी नहीं कर सकता। राजनीतिक स्वतंत्रता की रक्षा करनी हो तो आर्थिक स्वतंत्रता परमावश्यक है। आर्थिक स्वतंत्रता के लिए आर्थिक स्वावलंबन आवश्यक है। छठा लक्ष्य है, प्रजातंत्र में वयस्क मताधिकार की भाँति हर हाथ को काम देने वाली अर्थव्यवस्था। काम की भाँति न्यूनतम वेतन, न्यायोचित प्राप्ति एवं उसका न्यायोचित वितरण भी सामाजिक हित के लिए आवश्यक होते हैं। इसके लिए प्राप्ति की सीमा निर्धारित करना आवश्यक है। उपभोग की निरकुंश स्वतंत्रता नहीं दी जा सकती। व्यक्ति-स्वातंत्र्य या व्यक्ति-साहस का पूंजीपति या कारखानेदार जो अर्थ लगाते हैं उसका अभिप्राय उनका अपना स्वातंत्र्य ही होता है। हमें गिने-चुने टाटा-बिड़ला की स्वतंत्रता नहीं चाहिए, करोड़ों मानवों की स्वतंत्रता चाहिए। अत: केंद्रीकरण के हम विरोधी हैं। पूँजीवाद में विमुक्त व्यक्ति-स्पर्धा धीरे-धीरे नष्ट हो जाती है और आर्थिक शक्ति मुट्ठीभर लोगों के हाथों में केंद्रित हो जाती है। समाजवाद में यह आर्थिक शक्ति शासन के अधिकारों में चली जाती है और अंत में वह नौकरशाही के हाथों में खेलने लगती है। फलस्वरूप मानव-जीवन 'मशीन' बन जाता है। इन दोनों ही प्रणालियों में मनुष्य का विचार आर्थिक साधन के नाते किया जाता है, मनुष्य के नाते नहीं। इसलिए पूँजीवाद एवं समाजवाद दोनों से मुक्त होकर मानववाद का विचार करना होगा। तंत्र-विज्ञान का उपयोग भी मानव के लिए होना चाहिए। इसके लिए विकेंद्रित अर्थव्यवस्था आवश्यक है। प्रत्येक मनुष्य की आवश्यकताओं एवं उसके गुणों का विचार कर उसे सुयोग्य काम देने से ही मनुष्य का विकास होता है। विकेन्द्रित अर्थव्यवस्था में ही यह संभव है। एक बार बड़े कारखाने प्रारंभ हो गए तो उन्हें बंद करने के लिए कई बातों का विचार करना पड़ता है, अत: अगला पग उठाने से पूर्व ही इस दिशा में सोचना होगा। संक्षेप में, संरक्षण, पूर्ण सेवायोजन (रोज़गार), मनुष्य की न्यूनतम आवश्यकताओं को पूरा करने का प्रबंध तथा विकेंद्रीकरण ही जनसंघ की अर्थरचना के लक्ष्य हैं।"

दल-अवधारणा–

"आज भारत में राजनीतिक दलों में बहुत सी त्रुटियाँ हैं। दल की दृष्टि से देखा जाए, तो काँग्रेस सबसे निचले स्तर का दल है। आज राजनीतिक दलों का संगठन किसी भी लक्ष्य को सामने रखकर नहीं किया जाता। वह एक व्यक्ति या गुट के आधार पर ही खड़ा होता है। केवल आदर्शवाद के होने से भी वह उपयोगी नहीं हो जाता। आदर्शवाद राष्ट्रहित के साथ जुड़ा हुआ होना चाहिए। कम्युनिस्टों के पास आदर्शवाद है, किंतु वह जनतंत्र के मूल पर आघात करने वाला है। अनुशासनबद्ध दल एवं निष्ठावान नेतृत्व की आज नितांत आवश्यकता है। स्वतंत्र समाचार पत्र, स्वतंत्र न्याय-प्रणाली और स्वच्छ तथा कार्यकुशल प्रशासन सफल जनतंत्र के लिए आवश्यक हैं। जनतंत्र में एक से अधिक दल तो होंगे ही, किंतु इन दलों को एक आचार-संहिता का या तो पंचशील का पालन करना चाहिए। दल-बदल को प्रोत्साहन नहीं देना चाहिए। तभी देश में स्थिर शासन आएगा और अनुत्तरदायी राजनीति नहीं चलेगी।

हमें देश में शांतिपूर्ण मार्गों से आर्थिक एवं सामाजिक क्रांति करनी है। किंतु उसके लिए आज के पारिवारिक नेतृत्व को लगता है और वह समय के साथ आगे बढ़ने वाले आदर्शवाद के मार्ग से पीछे मुड़ जाता है। इसके अतिरिक्त ये सब नेता एक विशेष आयु के हो चले हैं। वास्तव में यह नयी और पुरानी पीढ़ी का संघर्ष है। सच पूछा जाए तो ऐसे संघर्ष से ही प्रगति हुआ करती है। हम यह भली-भाँति जानते हैं कि आज का वृद्ध नेतृत्व क्रांति के लिए अपना समर्थन नहीं देगा। जनसंघ के कार्यकर्ता नए नेतृत्व का निर्माण करने के लिए उत्सुक हैं। जनसंघ इस देश को नया नेतृत्व देना चाहता है। किंतु नेतृत्व का निर्माण करने के पुराने मार्ग अब बदलने होंगे। उसके लिए प्रदर्शनात्मक राजनीति का मार्ग नहीं होगा। अतः गलत मार्ग छोड़कर लक्ष्य प्राप्त कराने वाले सही मार्ग पर हमें आगे बढ़ना होगा। नारेबाज़ी, जुलूस, जय-जयकार आदि का भी एक नशा हुआ करता है। उनके द्वारा सच्चे राजनीतिक नेता का निर्माण नहीं होता। नेतृत्व को अपने आप उभरने दीजिए, कृत्रिम उपायों से उसे ऊपर उठाना किसी काम का नहीं।

इसलिए जनतंत्र की सफलता और अपने दल के हित के लिए सामान्य जन को ही हम अपना लक्ष्य बनाएँ। अनाड़ी प्रतीत होने वाला

सामान्य व्यक्ति वास्तव में बुद्धिमान होता है। वह शूरों से भी अधिक शूर होता है। भारतीय जनसंघ ऐसे सामान्य जन का संगठन बने, यह मेरी धारणा है।"

भ्रष्टाचार के विरुद्ध आंदोलन–

"भ्रष्टाचार एवं जनता-विरोधी शासन के विरोध में आंदोलन करना जनता का मूलभूत अधिकार है।" उत्तर प्रदेश में वहाँ की अकाल-पीड़ित जनता की चार माँगों के लिए जनसंघ ने सत्याग्रह किया था। वे माँगें थीं–अकाल-पीड़ित क्षेत्र में लगान वसूली बंद की जाए; हर पाँच हज़ार की बस्ती के लिए सस्ते अनाज की दुकान हो; अकाल-पीड़ित क्षेत्र के छात्रों की शिक्षा निःशुल्क (फीस माफ) की जाए और सर्वथा असहाय हो गए लोगों को बिना मूल्य अनाज दिया जाए। इस आंदोलन के निमित्त पंडित दीनदयाल जी ने यह स्पष्ट करते हुए कि अन्य दलों के और जनसंघ के द्वारा चलाए गए आंदोलनों में क्या अंतर होता है, कहा था–"प्रजा समाजवादी दल ने सरकारी गोदामों पर अधिकार करने का कार्यक्रम हाथ में लिया है। किंतु ऐसे कार्यक्रमों के कारण राज्य में अराजकता फैलने की पूरी संभावना होती है। अतः जनसंघ ने 'घेरा डालो' कार्यक्रम प्रारंभ किया है। सरकारी कचहरियों का घेराव करना और सरकारी कर्मचारियों को अपने कार्यालय में जाने से रोकना, इस कार्यक्रम के अंग हैं। इस आंदोलन में हमारा उद्देश्य यह है कि अन्न-समस्या तुरंत हल करने की आवश्यकता सरकार के ध्यान में लायी जाए।"

कांग्रेसी सत्ता के एकाधिकार को चुनौती–

"भारत में इंग्लैंड या अमेरिका जैसी द्विदलीय प्रणाली का कोई उपयोग नहीं है। यहाँ तो हमें अपनी बहुदलीय प्रणाली बनानी होगी और दल-बदल न हो, इस हेतु कुछ नियम बनाने होंगे।" दिल्ली के समाचारपत्रों ने इस दृष्टिकोण पर जो अभिमत व्यक्त किए उनसे तो यही भावना व्यक्त हो रही थी कि जनसंघ के रूप में राजनीतिक क्षितिज पर एक नया तारा उदित हुआ है जो अपनी चमक अवश्य फैलाएगा। उदाहरण के लिए, 'हिन्दुस्तान टाइम्स' ने अपनी चुनाव-चिट्ठी में

लिखा–"जनसंघ ने अपनी चुनाव व्यवस्था जिस ढंग से खड़ी की थी उससे यही सिद्ध हुआ कि उत्साह एवं उमंग से भरे लगन वाले कार्यकर्ताओं की उसके पास कोई कमी नहीं है।" एक कांग्रेस कार्यकर्ता ने कहा–"चुनाव के दिन किसी टिड्डीदल की भाँति जनसंघ के कार्यकर्ता सब दूर छा गए। वे लगातार घूम रहे थे। इसके विपरीत काँग्रेस की स्थिति थी। काँग्रेस के कार्यकर्ता विभाजित एवं संकुचित निष्ठा रखने वाले तथा डरपोक थे।" इससे स्पष्ट है कि जनसंघ का चुनाव पर कैसा प्रभाव प्रारंभ हो चुका था।

पंडित दीनदयाल जी के कार्यकाल में चार महानिर्वाचन हुए। सन् 1952 का चुनाव प्रारंभिक महानिर्वाचन था। उस समय जनसंघ के लोकसभा-प्रत्याशियों को 31 प्रतिशत मत प्राप्त हुए और उसे अखिल भारतीय दल के रूप में मान्यता मिली। 1957, 1962 तथा 1967 के तीन चुनावों में क्या स्थिति रही, इसका प्रतिवेदन स्वयं पंडित दीनदयाल जी ने वार्षिक अधिवेशन में दिया था। उसे पढ़कर जनसंघ की चुनाव-नीति की सफलता और उसके राजनीतिक परिणाम खोजे जा सकते हैं।

1967 में चुनाव-नीति एवं उसमें प्राप्त सफलता के बारे में अम्बाला अधिवेशन में प्रस्तुत अपने प्रतिवेदन में दीनदयाल जी ने कहा था–"काँग्रेस तथा प्रजासमाजवादी दल ने सदा की भाँति मुसलमानों के तुष्टीकरण की नीति अपनायी थी। जातिवाद का काँग्रेस ने सदा की भाँति लाभ उठाया। जनसंघ ने किसी भी अखिल भारतीय दल के साथ चुनाव समझौता नहीं किया था। केवल स्थानीय परिस्थिति के अनुसार कुछ स्थान आपस में बाँट लिए थे। जनसंघ ने अपने चुनाव-प्रचार में देश की सुरक्षा तथा दूसरी पंचवर्षीय योजना को ही अपना मुख्य लक्ष्य बनाया था। मेरा निष्कर्ष है कि राष्ट्रवाद एवं लोकतंत्र पर ही जनसंघ की श्रद्धा होने के कारण एक प्रकार से राजनीति में ध्रुवीकरण का प्रारंभ भारत में हो गया है। इसी प्रक्रिया को हमें पूरे उत्साह के साथ आगे चलाना चाहिए।

जैसा कि हमने पहले ही निश्चय किया था, जनसंघ ने अपने सिद्धांतों एवं कार्यक्रम के आधार पर ही जहाँ संभव था चुनाव लड़ा है। संयुक्त मोर्चे में जनसंघ सम्मिलित नहीं हुआ। उसने चुनाव समझौते भी नहीं किए। केवल कुछ स्थानों का ही लेन-देन किया था।

एक उल्लेखनीय बात यह थी कि हमारे कार्यकर्ताओं ने अपनी आचार-संहिता के नियमों का कट्टरतापूर्वक पालन किया। हमारी नीति यह थी कि इस चुनाव के निमित्त जनता को जनसंघ के कार्यक्रम एवं सिद्धांत समझाएँ जाए। जनसंघ पर कई आरोप लगाए जाने पर भी हमने उनका उत्तर देना टाला है। कम्युनिस्ट जनसंघ के विरोध में काँग्रेस की सहायता करते हैं, यह बात फिर एक बार सबने अनुभव की।"

"काँग्रेस के मतों का प्रतिशत 25 तक गिर जाए और राष्ट्रवादी मतों का अनुपात 35 प्रतिशत हो जाए तो मुझे कोई आश्चर्य नहीं होगा। काँग्रेस अब लोगों को भाती नहीं और कम्युनिस्टों को वे मत देते नहीं। ऐसी स्थिति में राष्ट्रवादियों को ही राष्ट्रीय विकल्प प्रस्तुत करना चाहिए।" फरवरी चुनाव के बाद उसके परिणामों का विश्लेषण करते हुए दीनदयाल जी ने लिखा-"जनसंघ ने विधानसभा के 2002 स्थानों पर चुनाव लड़ा और उसे 8.94 प्रतिशत मत मिले। लोकसभा में 9.33 प्रतिशत मिले जबकि उसने 249 स्थानों पर प्रत्याशी खड़े किए थे। जनसंघ जिन स्थानों पर हार गया उसमें से 15 स्थान लगभग 5 हज़ार मतों के अंतर से उसने खोए। इस चुनाव में जनसंघ को कुछ नेत्रदीपक सफलताएँ मिलीं। उत्तरप्रदेश, मध्यप्रदेश, हिमाचल प्रदेश तथा हरियाणा राज्यों में वह सबसे बड़े विपक्षी दल के रूप में उभरा। मध्यप्रदेश में राजनीति का ध्रुवीकरण हो गया। काँग्रेस को 40.66 प्रतिशत मत मिले। उत्तर प्रदेश में जनसंघ के विधायकों की संख्या 49 से बढ़कर 98 तक पहुँच गयी। वहाँ काँग्रेस को 425 में से 200 स्थान मिले।"

दूसरे क्रमांक का दल-

"जनसंघ ने अपनी स्थापना के समय से काँग्रेस का विकल्प बनने की आकांक्षा रखी थी। राजनीतिक प्रेक्षकों की धारणा थी कि चुनाव समझौते, गठबंधन अथवा विलीनीकरण का मार्ग अपनाए बिना काँग्रेस का विकल्प नहीं दिया जा सकता। किंतु जनसंघ ने अपने दृढ़ सिद्धांत तथा निश्चित कार्यक्रम के आधार पर ही वैकल्पिक दल के रूप में खड़े होने का निश्चय कर लिया था। इसलिए दल के संगठन को मूल से शिखर तक ठोस एवं सुदृढ़ बनाकर खड़ा करने के काम में वह जुट गया। ऐसे राजनीतिक दल के लिए जनता का समर्थन तो आवश्यक होता ही है,

किंतु समर्पित एवं अनुशासनबद्ध कार्यकर्ताओं के समूह की भी उसके लिए आवश्यकता होती है।

चुनाव-समझौते से तात्कालिक आवश्यकता शायद पूरी हो जाती हो, किंतु आदर्शवाद की प्रेरणा कार्यकर्ताओं को नहीं मिलती। ऐसी प्रेरणा हो, तभी सेवा, त्याग एवं परिश्रम करने के लिए कार्यकर्ता तत्पर होता है। इसलिए जनसंघ ने सदैव यह माना कि चुनाव केवल सत्ता के लिए नहीं, अपितु जनता को राजनीतिक शिक्षा देने के लिए भी है। चौथे महानिर्वाचन में काँग्रेस जर्जर हो गई और जनसंघ दूसरे क्रमांक का दल बन गया।"

अल्पसंख्यक अवधारणा गलत-

"काँग्रेस बहुसंख्यक तथा अल्पसंख्यक की परिभाषा में बोलती है। उनके लिए अलग-अलग कसौटियों का विचार करते हुए तद्नुसार अपनी नीतियों का निर्धारण करती है। इसके विपरीत जनसंघ की एकराष्ट्रीयता में दृढ़ श्रद्धा है।" दीनदयाल जी ने जनसंघ का दृष्टिकोण स्पष्ट करते हुए कहा है-"भारतीय जनसंघ बहुसंख्यक एवं अल्पसंख्यक की अवधारणा को ही अस्वीकार करता है। एक संस्कृति रखने वाली राष्ट्रीयता में उसका विश्वास है। धर्म का आधार लेकर खड़ी अन्य संस्कृतियों को जनसंघ मानता नहीं। एक देश, एक संस्कृति तथा एक राष्ट्र के सिद्धांत को जनसंघ ने स्वीकारा है। किंतु जनसंघ का मत है कि अब उस अलगाव की भावना को हवा देने वाली बातें करने के स्थान पर उसको समाप्त करने के उपाय करने चाहिए। राष्ट्रीयता का निर्माण राजनीतिक लेन-देन से नहीं हुआ करता, वह समान निष्ठा से ही निर्मित होती है। क्योंकि जनसंघ के विचार में, राष्ट्र एक चेतनामय अवधारणा है। उपासना एवं पूजा की स्वतंत्रता को जनसंघ मान्य करता है, किंतु उसके आधार पर विशेष अधिकार माँगने और देने की प्रणाली का वह विरोधी है।"

खेती और किसान-

"जनसंघ ने भूमिसुधार का एक वास्तविक एवं व्यापक कार्यक्रम सामने रखा है। गोबेल्स की शैली में एक प्रचार चल रहा है कि जनसंघ को

मध्ययुगीन अर्थव्यवस्था का पुनरुज्जीवन करना है। उसका उत्तर इस कार्यक्रम द्वारा अपने आप मिल जाएगा। नारेबाजी न करते हुए जनसंघ इस कार्यक्रम को अपने हाथ में लेगा। आज के विधान में जो त्रुटियाँ हैं उन्हें दूर कर जनसंघ किसानों को ही भूमि का स्वामी बनाना चाहता है। जीतने वालों से भूमि छीन लेने के वह विरुद्ध है। उन्हें 'बेदखल' करने की सारी घटनाओं को जनसंघ समाप्त करेगा। जिनके पास भूमि की अधिकतम सीमा से कम भूमि है उनकी भूमि को वह हाथ नहीं लगाएगा। जोतने वालों को दी जाने वाली भूमि की अधिकतम सीमा पाँच एकड़ रहेगी। विधवाओं, अपंगों, सेना से मुक्त सैनिकों, धर्मादाय संस्थाओं तथा अनाथ बच्चों की भूमियाँ इस सीमा में नहीं आएँगी। खेती का यंत्रीकरण इस देश में नहीं चलेगा। सहकारी खेती से जनसंघ का विरोध है। सरकार द्वारा खेती-बाड़ी के लिए दी जाने वाली सहायता एवं सुविधाओं में किसानों के साथ कोई भेदभाव नहीं बरता जाएगा। सिंचाई वाली पाँच एकड़ भूमि किसान के परिवार का भरण-पोषण करने के लिए पर्याप्त है। इसलिए जनसंघ ऐसा नियोजन करेगा जिनमें सभी किसानों को इतनी भूमि मिल सके। जनसंघ की धारणा है कि भूमि का कर (लगान) कम करना चाहिए। लगान की राशि पंचायतों को मिलनी चाहिए। ग्रामीण जनता से पर्याप्त मात्रा में कर वसूले नहीं जाते, ऐसी भ्रांति और गलत सिद्धांत आजकल प्रसारित किया जा रहा है। भारतीय जनसंघ छोटे-छोटे प्रकल्पों पर बल देकर खेती का विकास करना चाहता है। अत: जनसंघ को दिया गया मत छोटे किसानों को स्वतंत्र एवं समृद्ध करने की अवधारणा को मत देने जैसा है।"

अखंड भारत-

"काँग्रेस ने द्विराष्ट्रवाद के सिद्धांत के सामने घुटने टेक दिए हैं, किंतु जनसंघ मानसिक दृष्टि से इस विभाजन को स्वीकार नहीं कर सकता।" जनसंघ का अखंड भारत का नारा हिंसा पर आधारित नहीं है। जनसंघ आशा रखता है कि एक ही राष्ट्र के ये दो भाग फिर से एक होंगे तथा अखंड भारत का निर्माण पुन: होगा। यह स्पष्टीकरण दीनदयाल जी दिया करते थे। 17 अगस्त, 1965 को पारित एक प्रस्ताव के जनसंघ की प्रतिनिधि-सभा ने अखण्ड भारत एवं हिन्दू-मुस्लिम एकता पर अपनी श्रद्धा को तत्संबंधी अपनी भूमिका के साथ पुन: स्पष्ट किया था।

लक्षणीय है कि भारत-पाकिस्तान युद्ध उसी वर्ष हुआ था। जनसंघ 15 अगस्त के दिन को 'अखंड भारत दिवस' के रूप में मनाता था। इस प्रस्ताव का अर्थ यही था कि भारत की सांस्कृतिक एकात्मता के आधार पर 'अखंड भारत' का निर्माण संभव है। प्रस्ताव में यह भी कहा गया था कि पाकिस्तान के साथ भारत के संबंध तुष्टीकरण के नहीं होने चाहिएँ। मुस्लिम समस्या की जड़ काँग्रेस की तुष्टीकरण नीति में है, इसे स्पष्ट करते हुए प्रस्ताव में कहा गया था-"विभाजन के बने रहते भारत और पाकिस्तान में शांति स्थापित नहीं होगी। पाकिस्तान की गुंडागर्दी के सामने झुकने या उसका तुष्टीकरण करने की नीति के कारण ही दोनों में दूरियाँ बढ़ रही हैं। भारत के अनेक मुसलमान भावनात्मक दृष्टि से पाकिस्तान से जुड़े हैं। इस परिस्थिति को बदलने के लिए दोहरे उपाय करने होंगे। एक तो यह कि पाकिस्तान के साथ 'जैसे को तैसा' सिद्धांत पर आधारित संबंध रखा जाए। जिस दिन पाकिस्तान यह अनुभव करेगा कि सम्पूर्ण भारत को जीतने का उसका स्वप्न कभी साकार नहीं हो सकता, पाकिस्तान अंतर्मुख बनेगा और विभाजन की भूल उसकी समझ में आ जाएगी। किंतु इसके लिए 'शठे शाठ्यम' वाली नीति पर चलना ही उपाय है।

दूसरा उपाय है भारत के मुसलमानों को प्रसन्न करने के लिए कभी भी उनके साथ राजनीतिक सौदेबाज़ी न करना। भारत के असाम्प्रदायिक राज्य में उनके सभी अधिकार सुरक्षित हैं। किंतु मुसलमानों में पाकिस्तानी प्रवृत्ति प्रकट करने वाली बातों को कभी सहन न करते हुए उनके दृष्टिकोण का भारतीयकरण करना होगा।"

राष्ट्रीय एकात्मता का माध्यम भाषा-

"मेरे विचार में सभी दृष्टियों से त्रिभाषा-नीति ही सबसे उपयोगी नीति है। यह आवश्यक नहीं कि तीन भाषाओं का समान स्तर हो। मातृभाषा को सर्वोच्च स्थान दिया जाना चाहिए। माध्यमिक शिक्षा पूर्ण करने तक शिक्षा का प्रबंध मातृभाषा में होना चाहिए। भारत जैसे बहुभाषी देश में यह आवश्यक है कि प्रत्येक विद्यार्थी कम से कम दो भाषाओं से अवगत रहे। स्पष्ट है कि भारतीय भाषाएँ देवनागरी लिपि स्वीकार करें तो प्रादेशिक भाषा सीखना कोई कठिन काम नहीं होगा। एक विदेशी भाषा के नाते अंग्रेजी भाषा सीखने का भी प्रबंध होना चाहिए।

रूस, जापान तथा जर्मनी में भी अंग्रेजी पर्याप्त बड़ी मात्रा में सीखी जाती है। किंतु वे लोग अंग्रेजी के दास नहीं बने या प्रशासन के माध्यम के रूप में उन्होंने अंग्रेजी को स्वीकार नहीं किया। व्यापार, उद्योगधंधों आदि के शैक्षणिक माध्यम के रूप में उन देशों में अंग्रेजी का प्रयोग नहीं किया जाता। हम इन क्षेत्रों से अंग्रेजी को निकाल बाहर करते हैं, तो वह एक महत्वपूर्ण उपलब्धि होगी। जब तक प्रशासन में अंग्रेजी है, तब तक विद्यार्थी अंग्रेजी सीखेंगे ही। उसके स्थान पर प्रादेशिक भाषा प्रशासन का माध्यम हो गयी, तो अन्य भाषाओं की अपेक्षा वही भाषा छात्र सीखेंगे।"

अर्थ का प्रभाव–

"प्रत्यक्ष सम्पत्ति, अथवा उसकी सहायता से प्राप्त होने वाली वस्तुओं एवं भोग-विलासों में आसक्ति निर्मित होती हैं, तो उसे सम्पत्ति के अत्यधिक प्रभाव का लक्षण माना जाना चाहिए। जिस व्यक्ति को केवल सम्पत्ति का लालच होता है वह देश, धर्म, मानव-जीवन के परमसुख आदि महत्वपूर्ण बातों को भुला देता है। इस प्रकार सम्पत्ति के लोभ का शिकार विषयासक्त व्यक्ति विवेकहीन बन जाता है तथा अपना और समाज का भी विनाश कराता है। अर्थ के प्रभाव के पहले प्रकार में सम्पत्ति साधन रूप न रहकर एकमेव साध्य बन जाती है और चूँकि विषय-भोग की कोई सीमा नहीं होती, ऐसे व्यक्ति और समाज अंत में नष्ट हो जाते हैं।"

आर्थिक स्वातंत्र्य–

"आर्थिक लोकतंत्र का अर्थ क्या है? जिस शासन-प्रणाली में प्रत्येक व्यक्ति व्यापक समष्टि-हित के लिए बाधक न बनने का पथ्य रखते हुए अपनी इच्छानुसार उत्पादन एवं उपभोग कर सकता हो, उसी शासन-प्रणाली में आर्थिक स्वतंत्रता है, ऐसा हम कह सकते हैं। साम्यवादी अर्थव्यवस्था में उत्पादन एवं उपभोग–दोनों बातों में व्यक्ति को कोई स्वतंत्रता नहीं होती। आर्थिक स्वातंत्र्य को प्रत्यक्ष व्यवहार में लाना हो तो प्रत्येक को काम करने का अधिकार देना होगा। काम कर सकने वाले हर व्यक्ति को काम उपलब्ध करा देना शासन का दायित्व होना चाहिए। साथ ही

उपभोग की स्वतंत्रता भी प्रत्येक व्यक्ति को सामाजिक मर्यादा में रहकर मिलती रहे, यह भी आर्थिक लोकतंत्र का द्योतक है। कोई व्यक्ति उत्पादन न कर सकता हो, या शासन ऐसे व्यक्ति को काम उपलब्ध न करा सकता हो, तब भी उसकी न्यूनतम आवश्यकताएँ पूरी होनी चाहिएँ। आर्थिक लोकतंत्र में यह अधिकार सुरक्षित होना चाहिए।"

उत्पादन की सीमाएँ–

"उत्पादन के जिन प्राकृतिक साधनों का उपयोग करके हम नई वस्तुओं का निर्माण करते हैं, वे साधन सीमित ही हैं। मनुष्य ने यद्यपि अपनी प्रतिभा से एक ही वस्तु के निर्माण के लिए अनेक साधनों का उपयोग किया है, ऐसे अविचार से इस सीमित साधन-सम्पदा को मनमाने ढंग से खर्च करना कदापि बुद्धिमानी नहीं होगी।

वास्तव में प्रकृति से हमें उतनी ही साधन-सामग्री लेनी चाहिए और वह भी इस प्रकार लेनी चाहिए कि उसके कारण होने वाली क्षति को प्रकृति स्वयं अपने आप पूरा कर सके। उदाहरण के लिए, पेड़ से पत्ते तोड़ लेने के कारण कोई हानि नहीं होती, उल्टे लाभ ही होता है। किंतु भूमि से अधिकतम उपज लेने के लिए लोग ऐसे प्रयोग कर रहे हैं जिनसे कुछ समय के बाद भूमि की उत्पादन शक्ति समाप्त हो जाएगी। कारखानों के स्वामी यंत्रों की टूट-फूट-सुधार आदि के लिए कुछ मूल्य-ह्रास निधि का अलग से प्रबंध कर रखते हैं। किंतु प्रकृति के इस कारखाने के लिए हम ऐसा कोई प्रबंध नहीं करते। यह कैसे चल सकता है? इस दृष्टि से विचार करने पर कहना पड़ेगा कि हमारी अर्थव्यवस्था का उद्देश्य असीम भोग न रहकर संयमित भोग ही होना चाहिए। प्रकृति का दोहन कर ही हम जी सकते हैं, न कि उसका शोषण करके।"

अर्थव्यवस्था का मानवीय उद्देश्य–

"पश्चिमी अर्थव्यवस्था में–वह चाहे पूंजीवादी हो या समाजवादी–मुद्राविषयक मूल्यों को बहुत ही महत्वपूर्ण एवं केंद्रीय स्थान प्राप्त हुआ है। उनकी चारों दिशाओं में आर्थिक विचार निरंतर मडराता रहता है। मूल्य के बारे में उपयोगिता के दृष्टिकोण से किए गए विश्लेषण पर जीवन-दर्शन बहुत ही अधूरा, अमानवीय एवं कुछ मात्रा में नीतिविहीन भी है।"

आजकल यह नारा दिया जा रहा है कि 'कमाने वाला खाएगा।' सामान्यत: यह नारा कम्युनिस्ट दिया करते हैं। किंतु पूँजीवादी भी इस नारे में निहित मूल सिद्धांत से असहमत नहीं हैं। दोनों में झगड़ा इस बात का है कि इस कमाई में बड़ा भाग किसका होगा? पूँजीवादी पूँजी तथा औद्योगिक साहस को अधिक महत्त्व देते हैं, इसलिए उनका मानना है कि कमाई में उनका भाग बड़ा होना चाहिए। इसके विपरीत कम्युनिस्ट मानते हैं कि कामगार ही सम्पत्ति का निर्माता है और इसलिए सम्पत्ति पर सच्चा अधिकार उसी का है। किंतु ये दोनों विचार उचित नहीं हैं। वास्तव में नारा तो यह होना चाहिए कि 'कमाने वाला खिलाएगा' और 'जो जन्मा है वह खाएगा'। कारण, खाने का अधिकार जन्मत: ही प्राप्त होता है। कमाने की योग्यता शिक्षण से आती है। समाज में उन लोगों को भी खिलाना होता है जो कमाते नहीं। बच्चे, बूढ़े, बीमार, अपाहिज–सबकी चिंता समाज को करनी पड़ती है। प्रत्येक समाज यह कर्तव्य करता रहता है। इस कर्तव्य को निभाने की क्षमता उत्पन्न करना ही अर्थव्यवस्था का काम है। पश्चिमी अर्थशास्त्र इस कर्तव्य की प्रेरणा का विचार नहीं करता।

जैसे कारखाने की पूर्ण क्षमता का उपयोग न करना आर्थिक दृष्टि से उचित नहीं है, वैसे ही देश के लोगों की श्रमशक्ति को बेकार रखना भी घाटे का सौदा होगा। बंद पड़ा यंत्र केवल पूँजी को ही अनुपयोगी बनाता है, किंतु बेकार मनुष्य को तो प्रतिदिन खाने-पीने के लिए भी कुछ न कुछ करने की आवश्यकता होती है। अत: आज 'कमाने वाला खाएगा' के स्थान पर 'खाने वाला कमाएगा' का लक्ष्य सम्मुख रखकर देश की अर्थ-रचना करनी पड़ेगी। चरखे के स्थान पर यंत्र अवश्य चाहिए, किंतु सभी कामों के लिए स्वचालित यंत्र काम के नहीं होते। हमें उत्पादन का विचार संपूर्ण आजीविका (रोज़गार) का लक्ष्य रखकर करना चाहिए।"

खेती एवं पशु-धन–

"हमारे देश में खेत आकार में बहुत छोटे-छोटे हैं, अत: यांत्रिकीकरण पद्धति से अर्थात् ट्रैक्टर चलाकर उन्हें जोतना संभव नहीं है। इसके अतिरिक्त ट्रैक्टर का प्रयोग किया तो बैल निरुपयोगी हो जायेंगे और फिर देश में प्राकृतिक खाद एवं ईंधन की समस्या भी खड़ी होगी।

हमारे देश में खेती के लिए प्रति हेक्टेयर 36 अश्वशक्ति ऊर्जा प्रयुक्त होती है। इसमें यंत्रशक्ति, मनुष्यशक्ति, पशुशक्ति आदि का

समावेश है। इसमें से 50.8 प्रतिशत ऊर्जा बैल एवं अन्य पशुओं से उपलब्ध होती है। इससे स्पष्ट हो जाएगा कि खाद (गोबर) तथा ईंधन (गोबर गैस) उपलब्ध कराने की भाँति ऊर्जा-शक्ति की दृष्टि से भी हमारे देश के कृषि-उद्योग में पशुधन का योगदान कितना बड़ा है।"

भूमि का वितरण-

"सामाजिक न्याय की स्थापना के लिए एक किसान के पास अधिक-से-अधिक कितनी भूमि रहे, इसे निश्चित करने की नितांत आवश्यकता है। एक बार यह अधिकतम सीमा निश्चित हो गयी तो उस सीमा से अधिक भूमि उस किसान से ली जा सकती है। किंतु आज भूमिहीन किसानों में से अधिसंख्य किसान हरिजन होने के कारण भूमि के वितरण के प्रश्न को आर्थिक के साथ-साथ सामाजिक एवं राजनीतिक आयाम भी प्राप्त हुए हैं। अतः भूमिहीनों को भूमि देने का प्रश्न अत्यंत विवादग्रस्त बन बैठा है।

भूमि के वितरण के बारे में सभी परिकल्पनाएँ इस मूलभूत अवधारणा पर आधारित हैं कि हमें अपनी अर्थव्यवस्था को स्थिर रखना है। यदि हम अपनी अर्थव्यवस्था को गतिशील करें और समाज के सभी वर्गों को उनकी जीविका के लिए विभिन्न साधन उपलब्ध करा दें तो समाज में भूमि के स्वामित्व के बारे में आज जितनी भूख निश्चय ही नहीं रहेगी। उसके बाद सामाजिक सुरक्षा के लिए सभी सुविधाएँ देकर उनकी सहायता से हम सामाजिक समता प्रस्थापित करते हैं और खेतिहर श्रमिक को उचित पारिश्रामिक देने का प्रबंध करते हैं, तो फिर यह आवश्यक नहीं रहेगा कि प्रत्येक के पास उसके अपने स्वामित्व की कुछ-न-कुछ भूमि हो।

इस दृष्टि से भूमि का वितरण करते समय अपने छोटे-छोटे खेतों से अपने जीवन-निर्वाह योग्य भी उपज न ले सकने वाले किसानों को भूमिहीन किसानों की अपेक्षा अधिक वरीयता देनी चाहिए। यदि ऐसा नहीं किया जाता तो भारतीय खेती के लिए अभिशाप बने अधिकाधिक खेत खड़े हो जाएँगे।"

भूमि जोतने वाले की-

"जोतने वाले की भूमि का अर्थ यह नहीं कि जो हल चलाएगा वही भूमि का स्वामी बनेगा और किसान अपने श्रम के अतिरिक्त अन्य लोगों

के श्रम का थोड़ा भी उपयोग नहीं कर सकेगा। किसान को उसकी आवश्यकता के अनुसार मज़दूर रखने और उनसे काम लेने का अधिकार अवश्य होना चाहिए। 'भूमि जोतने वाले' का अर्थ सामान्यत: वह किसान होगा जो खेती में होने वाले लाभ-हानि की ज़िम्मेदारी स्वीकार करते हुए खेती में पूँजी लगाता है और जो खेती का प्रबंध देखता है। खेती के विभिन्न कामों में वह स्वयं कितना काम करता है और कितना काम पारिश्रमिक देकर दूसरों से करवा लेता है, इस बात को अधिक महत्त्व देना उचित नहीं है।"

विदेशी पूँजी–

"आज पश्चिमी राष्ट्र उनके अपने हित के लिए नयी-नयी योजनाएँ प्रस्तुत करते हैं। उपनिवेशवाद तथा राजनीतिक दासता अब अतीत की बातें हो चली हैं। उनके स्थान पर आर्थिक एवं वैचारिक आधार पर अन्य देशों को अपने नियंत्रण में लाने की कुटिल योजनाएँ पश्चिमी देशों द्वारा प्रारंभ की गई हैं। संक्षेप में, उपनिवेशवाद एवं राजनीतिक दासता की अपेक्षा आर्थिक सहायता का अर्थ यद्यपि भिन्न होता है, तो भी उसमें निहित उद्देश्य वही है। अन्य राष्ट्रों में किए जाने वाले पूँजी-निवेश को अब आर्थिक सहायता का नया नाम प्राप्त हो गया है। अनेक पश्चिमी राष्ट्रों के ध्यान में आ चुका है कि अंतर्राष्ट्रीय संस्थाओं के आवरण के नीचे पिछड़े देशों की अर्थव्यवस्था में अपने हाथ-पाँव पसारना संभव एवं सुविधाजनक है। उन्होंने इस दिशा में चलना प्रारंभ भी कर दिया है।

हम प्रत्येक बार मन में कुछ-न-कुछ हिचकिचाहट रखकर इन राष्ट्रों द्वारा प्रस्तुत की गयी सहायता को अस्वीकार नहीं कर सकते। कुछ प्रसंगों में हमारे और उनके हित-संबंध परस्पर पूरक होने के कारण हमें उनकी सहायता स्वीकारनी पड़ सकती है, तो कभी परिस्थितिवश हमें उनकी सहायता लेनी पड़ सकती है। किंतु अपनी अर्थव्यवस्था का इस दृष्टि से सुयोग्य पुनरीक्षण हमने नहीं किया, तो हमारे हित और अहित का अचूक ज्ञान हमें नहीं होगा।"

विदेशी पूँजी : विदेशी तंत्रविज्ञान–

"विदेशी पूँजी के साथ ही हमें विवश होकर विदेशों की उत्पादन-प्रणाली भी स्वीकार करनी पड़ती है। हमारे देश में आने वाले विदेशी पूँजीपति

और विशेषज्ञ उनके अपने देश में प्रचलित उत्पादन-पद्धति के अनुसार और उपलब्ध यंत्र-सामग्री की सहायता से यहाँ उत्पादन प्रारंभ करते हैं। इससे हमारा देश औद्योगिकरण के मार्ग पर चार पग आगे तो बढ़ जाएगा, किंतु गहरी जड़ों वाले विकासोन्मुख एवं व्यापक औद्योगिकरण की नींव कदापि नहीं रखी जा सकती। इस प्रकार की उत्पादन-प्रणाली हमारे देश पर लादी गई तो उससे जीविका (रोज़गार) का निर्माण कम होगा।

1. अपनी पूँजी के प्रभाव से विश्व की अर्थव्यवस्था में औद्योगिक साम्राज्य निर्मित कर चुके विदेशी पूँजीपतियों के ही बड़े-बड़े गुट हमारे देश में आने के लिए उत्सुक रहते हैं।
2. केवल उत्पादक और मूलभूत वस्तुओं के ही नहीं अपितु साबुन, माचिस, सिगरेट, बिजली का सामान, सौन्दर्य-प्रसाधन जैसी उपभोग्य वस्तुओं के भी उत्पादन-क्षेत्र में घुसकर ये विदेशी पूँजी वाले कारखाने स्वदेशी उद्योगों के लिए घातक सिद्ध होते हैं।
3. पिछले सौ वर्षों में हमारे देश में एक ऐसी प्रणाली का विकास हुआ है जिसने भारतीय अर्थव्यवस्था को पाश्चात्य देशों की औद्योगिक अर्थव्यवस्था के साथ जकड़ दिया है। परिणामत: भारत के आर्थिक हित-संबंधों का रक्षण होना तो दूर, उल्टे हमारा नियमित रूप से शोषण ही हो रहा है। इन पाश्चात्य हित-संबंधियों ने भारत का आर्थिक शोषण करते समय अपने साथ भारत के कुछ वर्गों को पाश्चात्य अर्थव्यवस्थाओं के प्रतिनिधि के रूप में सम्मिलित कर लिया है और कुछ मात्रा में उन्हें भागीदार भी बनाया है। हमारे देश के आर्थिक विकास पर इस वर्ग का बहुत ही प्रभुत्व रहा है।"

विदेशी सहायता का विकट मार्ग–

"विदेशी सहायता और उसके द्वारा आने वाली विदेशी यंत्रसामग्री तथा उत्पादन-पद्धति के कारण नगरीकरण बढ़ता है और नगरवासी लोगों की आय में अवास्तविक वृद्धि हो जाती है।" 'महालनोवीस समिति' ने 'आय का पुनरीक्षण' विषय पर अनुसंधान करते हुए यही मत व्यक्त किया है। इस प्रक्रिया के कारण मुद्रास्फीति होती है और उसमें से महँगाई का दुष्चक्र प्रारंभ हो जाता है। असीम विदेशी तंत्रविज्ञान तथा नगरीकरण का दीनदयाल जी विरोध करते थे। उनके विरोध का यह भी एक कारण

है। वे कहते थे कि "बिल्कुल अनिवार्य हो, तभी और उतनी ही विदेशी सहायता लेनी चाहिए और वह सहायता यथासंभव बिना शर्त की हो। इन परहेज़ों का पालन करते हुए खड़े होने वाले उद्योग राष्ट्र के आर्थिक विकास के लिए उपयोगी सिद्ध होंगे।

विदेशी सहायता की बैसाखियों को फेंक देने से ही भारत इससे आगे अपनी प्रगति कर सकेगा, क्योंकि विदेशी सहायता के कारण हमारी सारी आदतें ही खराब हो गई हैं। हमने स्वदेशी के महामंत्र को भुला दिया है। हम उसे भुला दें, यही विदेशी शक्तियों की योजना है। भारत के आर्थिक प्रश्न विदेशी सहायता कम पड़ने के कारण विकट नहीं हुए हैं, बल्कि इसलिए कि आवश्यकता से अधिक सहायता आ रही है और फलस्वरूप हम स्वदेशी एवं स्वावलंबन को भुलाते जा रहे हैं। यह सहायता हमारे लिए उपयोगी सिद्ध न होकर विदेशों में आयी मंदी तथा बेकारी दूर करते हुए उनकी अर्थव्यवस्था को समृद्ध करने के लिए काम में लायी जा रही है।"

मुद्रा-स्फीति एवं अर्थसंकल्पीय नीति–

"पाश्चात्यों की समस्याएँ हमारी समस्याओं से मूलत: भिन्न थीं, इसे भुलाना नहीं चाहिए। पाश्चात्य देशों के सम्मुख प्रमुख समस्या पूँजी एवं अन्य सामग्री इकट्ठी करने की नहीं थी। ये दोनों उनके पास विपुल मात्रा में हैं। उनके सम्मुख प्रश्न यह है कि इन सभी साधनों का अधिकाधिक उपयोग कैसे करें। हमारे यहाँ औद्योगिकरण प्रारंभिक अवस्था में है। ऐसी स्थिति में सरकार थोड़ा-बहुत पूँजीनिवेश कर भी ले, तब भी उतनी मात्रा से अर्थव्यवस्था का गतिमान होना असंभव है। इसलिए केंस का अर्थशास्त्र भारत जैसे देशों पर लागू होने वाला नहीं।

केंस का अर्थशास्त्रीय सिद्धांत पाश्चात्य अर्थरचनाओं में भी पूर्णत: लागू होने वाला नहीं है, क्योंकि पूँजीवादी देशों में आर्थिक शक्ति के केंद्रीकरण के कारण विवश होकर सामान्य जनता को अपने उपभोग के स्तर को नीचे लाना पड़ता है। अर्थात् माँग के अभाव में उत्पादन अर्थव्यवस्था को मंदी की ओर खींच ले जाता है।"

स्वदेशी चिंतन का अभाव–

"1947 में हम स्वतंत्र हुए। अंग्रेज भारत छोड़कर चले गए। राष्ट्रनिर्माण के प्रयासों में सबसे बड़ी बाधा हम उन्हें ही मानते थे। वह बाधा दूर

हो गई। तब सबके सामने अकस्मात् प्रश्न उपस्थित हुए कि महत्प्रयासों से प्राप्त इस स्वतंत्रता का आशय क्या है? हम यहाँ किस प्रकार का जीवन खड़ा करना चाहते हैं? राष्ट्र के नाते भारत के जीवनादर्श एवं जीवन के निकर्ष क्या हैं? किंतु राष्ट्रजीवन का विशुद्ध साक्षात्कार न होने के कारण हम इस स्वतंत्रता का उपयोग राष्ट्रीय आदर्शों को अपने जीवन में उतारने के लिए नहीं कर सके। परायों का अनुसरण करने के चक्कर में ही हम पड़ गए। इतने कि संविधान बनाते समय भी हमने अपने स्वाभाविक राष्ट्रीय आदर्शों को उसमें प्रतिबिंबित नहीं होने दिया। विदेशों में उद्घोषित सिद्धांतों का जोड़तोड़ करने में ही हमने संतोष कर लिया। इसलिए आज तक हम इस मूल प्रश्न का कोई उत्तर नहीं दे पाए हैं कि आखिर हम यहाँ किस प्रकार का जीवन खड़ा करना चाहते हैं? स्वत्व का समुचित बोध न होने के कारण हम अपने पैरों पर खड़े नहीं हो सके हैं। राष्ट्रीय वैभव के लिए हमने जितने भी प्रयास किए, उनमें इसका बोध कहीं भी नहीं पाया जाता कि राष्ट्रीय वैभव की हमारी अवधारणा क्या है तथा उसका स्वरूप क्या है? इस प्रश्न का उत्तर देने का प्रयास कितने ही लोगों ने किया है, फिर भी यही एक बात उभर कर सामने आती है। इन लोगों द्वारा खोजे गए उत्तर प्रायः बाह्य जीवन-प्रणालियों के आधार पर ही होते हैं। कोई समाजवाद के आधार पर यहाँ समाज-रचना करना चाहते हैं, तो कोई कम्युनिज्म के आधार पर। कुछ अन्य लोग समाजवाद और व्यक्ति-स्वातंत्र्य में तालमेल बिठाने के प्रयास में यहाँ लोकतांत्रिक समाजवाद लाने की बात करते हैं। विदेशों से आयातित विचारधाराओं के आधार पर ही ये सारे प्रयास होते हैं। आर्थिक, राजनीतिक, सामाजिक आदि क्षेत्रों में चिंतन का आधार विदेशी विचार-प्रणाली ही रहा है। इससे तो ऐसा लगता है मानो हमारे यहाँ के अति प्राचीन राष्ट्रजीवन में इन सब बातों का कभी विचार ही नहीं किया गया हो, या हमारा राष्ट्रजीवन मात्र थोड़े से वर्षों की ही निष्पत्ति हो। विदेशों से उधार ली गई विचार-प्रणालियों में हमारे राष्ट्र की सभ्यता एवं संस्कृति प्रकट नहीं हो सकी है। इसलिए राष्ट्रमानस को छूने में वे असफल रही हैं। इन विदेशी विचारों से हमारे लोगों को त्याग, परिश्रम और बलिदान की प्रेरणा नहीं मिल सकती। यही कारण है कि आज देश

में हताशा का वातावरण दिखाई देता है। राष्ट्र का आत्मविश्वास ढह गया है। कार्य की प्रेरणाएँ समाप्त हो गई हैं और करोड़ों लोगों का यह विशाल समाज परावलंबी बना जी रहा है।"

इतिहास-सिद्ध सत्य-

"राष्ट्र केवल एक भौतिक निकाय नहीं हुआ करता। देश में रहने वाले लोगों के अंत:करण में अपनी भूमि के प्रति असीम श्रद्धा की भावना का होना राष्ट्रीयता की पहली आवश्यकता है। इस श्रद्धाभाव के कारण ही हम अपने देश को मातृभूमि कहते हैं। मातृभूमि के प्रति श्रद्धा का भी कोई आधार होता है। प्रदीर्घ समय तक एक देश में रहने के कारण सहचर्य से आत्मीयता का भाव जागता है। शनै: शनै: राष्ट्र का एक इतिहास बनता जाता है। कुछ बातें राष्ट्रीय गौरव की, तो कुछ लज्जास्पद बन जाती हैं। गौरवास्पद बातों को स्मरण कर हम गौरव अनुभव करते हैं और लज्जास्पद बातों से लज्जा। मुहमद गौरी और मुहम्मद गजनवी द्वारा भारत पर किए गए आक्रमणों का विचार करते समय स्वाभाविक हमारा चित्त व्यथित होता है। पृथ्वीराज एवं अन्य देशभक्तों के बारे में हमें आत्मीयता अनुभव होने लगती है। किसी को अपने देश के प्रति आत्मीयता का अनुभव न होता हो और आक्रांता के प्रति उसके मन में प्रेम उभरता हो तो यही मानना पड़ेगा उस व्यक्ति में राष्ट्रीयता की भावना नहीं है। हम महाराणा प्रताप, छत्रपति शिवाजी या गुरु गोविंद सिंह का स्मरण करते हैं तो हमारा मस्तक उनके सम्मुख आदर और श्रद्धा से झुक जाता है। इसके विपरीत औरंगज़ेब, अल्लाउद्दीन, क्लाइव या डलहौजी के नाम सामने आते ही हमारे मन में वही भाव जागता है जो विदेशी आक्रांताओं के प्रति स्वाभाविकत: उत्पन्न होना चाहिए। इस प्रकार एक विशिष्ट भूमि पर रहने वाले और मातृभूमि के प्रति विशुद्ध श्रद्धा की भावना हृदय में जगाए रखने वाले ऐसे लोगों का एक राष्ट्र बनता है जिनकी जीवन की ओर देखने की दृष्टि समान होती है; जीवन के आदर्श समान होते हैं; शत्रु-मित्र समान होते हैं और ऐतिहासिक महापुरुषों की परंपरा भी समान होती है।"

धर्म, जो धारण करे-

"धर्म वही है जो सबके लिए लाभकारी होता है और जो मोक्ष के मार्ग को प्रशस्त करता है। 'धारणात् धर्ममित्याहु: धर्मो धारयते प्रजा:', यह

हमारे यहाँ धर्म की व्याख्या है। अर्थात् जिन बातों, शक्तियों, भावनाओं, व्यवस्थाओं, तथा नियमों के कारण समाज की धारणा होती है, वही धर्म है। मनुष्य की धारणा जिन बातों से होती है वह मनुष्यधर्म, शरीर की करे वह शरीरधर्म, इसी प्रकार सारी प्रजा की एवं उसके भी परे जाकर समस्त जड़चेतन संसार की धारणा जिसके कारण होती है उसके भी अपने निश्चित नियम होते हैं। धर्म ही सबकी धारणा करता रहता है। धर्म के बिना कोई बात टिक नहीं सकेगी। प्रत्येक वस्तु नष्ट हो जाएगी। शरीर, मन, बुद्धि तथा आत्मा से युक्त मानव की धारणा जो कर सकेगा, उसे ही धर्म कहा जाएगा। धर्म धारणा के साथ-साथ सामंजस्य स्थापित करने का काम भी करता है। इसलिए आचरण के नियम बनते हैं। ये नियम देश, काल, स्थिति एवं वस्तु के अनुसार भिन्न-भिन्न हो सकते हैं। कुछ नियम ऐसे होते हैं जो सभी पर लागू किए जा सकते हैं।"

राष्ट्र व्यवहार–

"विश्व-व्यवहार में विभिन्न राष्ट्र एक-दूसरे के सम्पर्क में आते हैं। उनमें विचार-प्रणाली का आदान-प्रदान भी होता है। विश्व-व्यवहार में आपस में ऐसा आदान-प्रदान होना एक स्वाभाविक प्रक्रिया है। भिन्न परिस्थिति एवं आवश्यकता के अनुसार यह आदान-प्रदान न केवल आवश्यक अपितु अधिक बल देने वाला भी हो सकता है। किंतु कुछ गहराई में जाकर विचार करने पर दिखाई देता है कि जो राष्ट्र स्वस्थ एवं स्वाभिमान-संपन्न होते हैं वे किसी भी बात को स्वीकार ऐसे ढंग से किया करते हैं कि वह नयी बात उनकी राष्ट्रीय आकांक्षा एवं आदर्श के लिए पूरक सिद्ध हो। इस प्रक्रिया को भली-भाँति समझने के लिए हम मानव-शरीर का उदाहरण लें। प्रकृति का यह नियम सबको ज्ञात है कि विजातीय द्रव्य के शरीर में प्रवेश करते ही रोग एवं उपद्रव प्रारंभ हो जाते हैं। इसलिए स्वस्थ जीवन की पहचान यह मानी जाती है कि वह विजातीय द्रव्यों को आत्मसात् कर सकने की सीमा तक ही ग्रहण करता है। यही क्यों, मनुष्य गेहूँ, चावल आदि अनाजों को भी ज्यों का त्यों मुँह में नहीं ठूँस लेता। भोजन के हर पदार्थ को रक्त-वृद्धि के लिए सहायक बनने वाले रूप में ही वह ग्रहण करता है। यही बात विभिन्न परिवारों के व्यवहार में भी हम देखते हैं। हर परिवार का दूसरे परिवार के साथ लेन-देन का कुछ-न-कुछ व्यवहार

चलता ही रहता है। उसके बिना किसी का काम नहीं चलता। विवाह-संबंध तो भिन्न परिवारों में ही किए जाते हैं। किंतु अन्य परिवार की कन्या को अपने परिवार में ग्रहण करते समय उसे सब प्रकार से अपना बनाना पड़ता है। राष्ट्रों के बीच होने वाले व्यवहार में भी यही दक्षता बरतनी पड़ती है। राष्ट्र के जीवन-मूल्य, जीवन-पद्धति, आदर्शों एवं जीवनधारा के अनुरूप जो भी स्वीकार किया जाता है, एकरसता के लिए पोषक एवं राष्ट्र को बलिष्ठ बनाने वाला होता है। प्रत्युत् इन बातों के साथ बेमेल एवं विरोधी बातों को स्वीकार करने से अशांति, उपद्रव और रोगग्रस्तता के लिए निमित्त बन जाता है। उससे राष्ट्र का विनाश भी संभव होता है।"

पाश्चात्यों की अवस्था–

"समाजवाद और लोकतंत्र–दोनों ने मानव के भौतिक स्वप्न और उसकी आवश्यकताओं पर ही सारा ध्यान केंद्रित किया। आधुनिक विज्ञान एवं यांत्रिक प्रगति में दोनों की ही आत्यंतिक आस्था है। दोनों आजकल के नित्य नये आविष्कारों के शिकार हो गये हैं। परिणाम यह हुआ कि उत्पादन के साधनों का स्वरूप मानव-कल्याण एवं उसकी आवश्यकताओं के अनुसार नहीं, बल्कि यंत्रों के स्वरूप के अनुसार निश्चित किया जा रहा है। उत्पादन का नियंत्रण व्यक्ति करता हो या शासन, उत्पादन की केंद्रित व्यवस्था में मानव के स्वतंत्र व्यक्तित्व का लोप हो जाता है। वह भी यंत्र का मात्र एक पुर्जा बनकर रह जाता है। इससे अधिक महत्त्व उसका नहीं रह जाता। यदि हम चाहते हैं कि मनुष्य में मनुष्यत्व की रक्षा की जाए, तो उसे यंत्र की दासता से मुक्त करना होगा। आज मनुष्य यंत्रों का स्वामी नहीं, बल्कि यंत्र ही मनुष्य पर हावी हो गए हैं। इस यंत्रप्रेम के मूल में मनुष्य की भौतिक आवश्यकताओं की अधिकाधिक पूर्ति करने की भावना ही होती है। किंतु मात्र भौतिक समृद्धि प्राप्त करने से मनुष्य सुखी नहीं हो सकता, इस बात को हमें भुलाना नहीं चाहिए। भौतिक साधनों से समृद्ध बने देशों के सामने क्या-क्या समस्याएँ खड़ी हैं, हम देख ही रहे हैं। हमें तो समूचे मानव-जीवन का विचार करते हुए उत्पादन, वितरण तथा उपभोग–तीनों को एक ही प्रक्रिया से परस्पर संबद्ध अंग मानना पड़ेगा। हमें यहाँ एक ऐसी व्यवस्था का निर्माण करना होगा जिसमें मनुष्य उत्पादन करते समय तथा भोग भोगते हुए एक सार्थक जीवन व्यतीत करने की ओर भी ध्यान देगा। मनुष्य मात्र भौतिक आवश्यकताओं की गठरी

तो होता नहीं। उसकी कुछ आध्यात्मिक आवश्यकताएँ भी होती हैं। मनुष्य की इन आध्यात्मिक आवश्यकताओं की उपेक्षा करने वाली व्यवस्था कदापि परिपूर्ण नहीं हो सकती। समाजवाद और लोकतंत्र–दोनों प्रणालियों ने एकांगी मार्गों का अवलंबन किया है। दोनों मार्गों में सामंजस्य स्थापित करते हुए मनुष्य का विकास करने के स्थान पर इन दोनों व्यवस्थाओं ने विचित्र संभ्रम की अवस्था उत्पन्न की और विभिन्न शक्तियों में संघर्ष का अखाड़ा यहाँ बना दिया है।"

संस्थाएँ अनेक, उद्देश्य एक–

"ध्यान देने योग्य यह बात है कि हमारे भारत में प्राचीन काल में पंचायत-प्रणाली आज के समान शासनसत्ता की इच्छा के अनुसार चलने वाली नहीं थी। आज पंचायत-समितियों का निर्माण मंत्रिमंडल करते हैं। उनके अधिकार एवं कर्तव्य क्या हों, विधायक तथा सांसद निर्धारित करते हैं। उनकी छानबीन के लिए सरकारी अधिकारी नियुक्त किए जाते हैं। पंचों को हटाने तथा नियुक्त करने के लिए तिकड़में लगाई जाती हैं। चुनाव में तो इनके स्वरूप को ही बिगाड़ दिया जाता है। ग्राम-पंचायतों का ऐसा स्वरूप प्राचीन काल में कभी नहीं था। उन्हें समाज में स्वायत्त एवं स्वयंभू घटकों का स्थान प्राप्त था। राजा उन्हें कोई आदेश नहीं दे सकता था। राजा की एक समिति होती थी और ग्राम-पंचायतों के प्रतिनिधि इस समिति में हुआ करते थे। इस प्रकार ग्राम-पंचायतों की सम्मति राजा को माननी पड़ती थी। राजा की समिति विधान बनाने के लिए नहीं, केवल कार्य चलाने के लिए होती थी। ग्राम-पंचायत राजा की कृपा पर निर्भर नहीं होती थीं, प्रत्युत् राजा ही उनके आधार पर खड़ा होता था, यहाँ सिद्धांत था–'विशि राजा प्रतिष्ठितः' अर्थात् प्रजा के आधार से राजा रहता है। विकेंद्रित राष्ट्रानुकूल जीवन शिक्षण-व्यवस्था के रूप में भी कैसे प्रतिष्ठित हो चुका था, इसे स्पष्ट करते हुए दीनदयाल जी ने लिखा है–"शैक्षणिक केंद्रों का प्रमुख कुलपति होता था। वह सबके भोजन, आवास तथा शिक्षा का प्रबंध देखता था। राजा का काम केवल यही होता था कि इन शिक्षण-संस्थाओं को धन और साधनसामग्री दे। छात्र गाँव में जाकर भिक्षा ले आते थे। सभी गृहस्थ उन्हें भिक्षा देते थे। इन छात्रों को खाली हाथ लौटना न पड़े, इसकी चिंता सभी लोग करते थे। इस प्रकार समाज और शासन से साधन जुटाकर कुलपति ज्ञानदान का

कार्य चलाते थे। स्वयं राजा भी शिक्षा प्राप्त करने के लिए जाए, तब भी इस व्यवस्था में कोई अंतर नहीं आता था। प्रत्येक क्षेत्र के लिए क्षेत्रानुसार स्वतंत्र व्यवस्था हुआ करती थी। राजा उसमें कोई हस्तक्षेप नहीं करता था। ऐसा करना राजधर्म की परिधि में ही नहीं आता था।"

राष्ट्र के लिए ही राजनीति–

"सामर्थ्य-निर्माण का मार्ग राष्ट्रीयता ही है। व्यक्तिवादी लोग संगठित शक्ति खड़ी नहीं कर सकते। हमारे अंदर का सामूहिक भाव ही राष्ट्रीयता है। यही वह निष्कर्ष है जिस पर परखा जाएगा कि हमारी प्रत्येक कृति एवं व्यवस्था सही है अथवा गलत। लोकतंत्र में प्राप्त नागरिक अधिकारों का ही उदाहरण लें। नागरिकों को मताधिकार प्राप्त है। मतदान करते समय राष्ट्र का विचार मन में हो तो मतदान एक धर्म कहलाएगा, किंतु व्यक्तिगत स्वार्थों से प्रेरित होकर मतदान किया गया तो वह अधर्म हो जाएगा। राष्ट्रीयता की भावना के आधार पर ही किसी व्यवस्था को गलत सिद्ध किया जा सकता है। राष्ट्रीयता की हँसी उड़ाकर तथा राष्ट्र के विचार को तिलांजलि देकर जो लोग भाँति-भाँति के वाद एवं नारे देने में ही व्यस्त रहते हैं, वे वास्तव में गलती करते हैं। उनसे कोई अच्छा कार्य होने की संभावना कभी नहीं होती। समाजवाद, पूँजीवाद, लोकतंत्रवाद या अन्य कोई भी वाद अंततोगत्वा एक मार्ग ही होता है। वह प्रगति का आधार नहीं होता। व्यक्ति, दल या वाद पर अधिष्ठित विचार के शिकार होकर प्रगति नहीं की जा सकती। राजनीति भी अंततः राष्ट्र के लिए ही होती है। राष्ट्र का विचार त्याग दिया अर्थात् राष्ट्र की अस्मिता, इतिहास, संस्कृति एवं सभ्यता का विचार ही नहीं किया तो राजनीति किस काम की? राष्ट्र का स्मरण रखते हुए काम किया, तो सभी का मूल्य बढ़ेगा। राष्ट्रविचार के बिना सारे शून्यवत् हो जाएँगे। राष्ट्र का विचार करते हुए पैर आगे बढ़ाएँ तो एक और एक मिलाकर दो नहीं, ग्यारह होते हैं। राष्ट्रविचार के आधार पर संगठित होने का प्रयास किया तो एक, एक, एक मिलकर एक सौ ग्यारह हो जाते हैं। राष्ट्रीयता का त्याग करने पर दशमलव अपूर्णांक लागू हो जाता है। उसके बाद जितने भी एक जुटाएँ, उत्तरोत्तर उनके मूल्य घटते ही जाएँगे। राष्ट्र के आधार पर ही व्यक्ति का मूल्य बढ़ता है। राष्ट्र-विचार का त्याग करने से व्यक्ति का भी मूल्य घटता है और राष्ट्र का भी। कई बार हम

देखते हैं कि राष्ट्र के लिए प्राण न्यौछावर करने की भाषा मनुष्य बोलता तो है, किंतु जीवन के सारे काम व्यक्तिगत स्वार्थ के लिए ही करता रहता है। इसमें न व्यक्ति का कल्याण है, न समष्टि का हित।"

संतुलित हिंदू विचार–

"जिस समाज-व्यवस्था में मनुष्य-मात्र के सामाजिक व्यवहार में परस्पर अनुकूलता होगी, वहीं व्यक्ति की स्वतंत्रता एवं प्रतिष्ठा की प्रत्याभूति (गारंटी) मिल सकेगी। व्यक्ति स्वतंत्र है, इसका अर्थ इस संदर्भ में यह होगा कि अन्य लोगों के लिए अनुकूल बनाने को वह स्वतंत्र है। अपने जीवन में दूसरों के लिए अनुकूल बनने हेतु स्वयं को सक्षम एवं समर्थ बनाना पड़ता है। अनुकूल वही बन सकता है जिसकी अपनी कोई सत्ता हो। अनुकूल बनने का अर्थ यह नहीं है कि दूसरों पर निर्भर बन जाए। किसी पर निर्भर होने में दीनता एवं स्वार्थ निहित होता है, परतंत्रता का भी भाव होता है। परस्पर अनुकूलता में परतंत्रता की कोई भावना नहीं होती। दूसरों के प्रति अनुकूल आचरण करने की स्वतंत्रता उसमें होती है, अर्थात् परस्पर अनुकूल बनने में हमारा पुरुषार्थ प्रकट होता है। इस प्रकार व्यक्ति की शक्तियों का अधिकतम उपयोग करते हुए दूसरों का कल्याण करने की भावना के कारण निरंतर विकसित होने का अवसर प्राप्त होता है। हम एक-दूसरों के लिए अनुकूल बनकर काम करें, तो सभी आनंद का अनुभव करते हैं। उस आनंद का एक अंश अपने भाग में भी आता है। हमारा अपना भी विकास होता है और व्यक्ति तथा समाज–दोनों सुखी होते हैं। मानव-शरीर पर जो-जो बातें लागू होती हैं, वही समाजशरीर पर भी लागू होती हैं। शरीर का प्रत्येक अवयव सारे शरीर को सुदृढ़, रोगमुक्त एवं कार्यक्षम रखने हेतु वही कार्य करता है जो शरीर के लिए अनुकूल हो। भुजाओं का उपयोग शरीर की रक्षा के लिए होता है। पेट में जाने वाले अन्न के कारण शरीर बलवान बनता है। विभिन्न अवयवों के बारे में भी ऐसा ही होता है। ये अवयव आपस में झगड़ा करने लगें तो शरीर मृत्युमार्ग पर जाएगा और प्राण-शक्ति के शरीर से जाते ही सारे अवयव चेतनाशून्य हो जाएँगे। उनकी गतिविधि सदा के लिए शांत हो जाएगी। इसलिए शरीर के सभी अवयवों को परस्पर अनुकूल माना गया है। हाथ थाली से ग्रास उठाकर मुँह में डालेगा। मुँह उसका ठीक से चर्वण कर उसे पेट में खिसकाएगा। वहाँ

उसका पाचन होगा, रक्त बनेगा और सारे शरीर को बल प्राप्त होगा। प्रत्येक अवयव इससे सक्षम बना रहेगा।"

यही यज्ञचक्र है–

"इदं न मम" अर्थात् यह मेरा नहीं है। यज्ञ पूरा होने के बाद जो शेष रहता है, हम प्रसाद के रूप में ग्रहण करते हैं। पहले प्रसाद, बाद में यज्ञ, ऐसा कभी नहीं होता। हमें यह सिखाया गया है कि हम जितना उत्पादन करते हैं या अर्जित करते हैं, सारा का सारा अपने अकेले के लिए नहीं होता। एक कमाता है, किंतु उसका भोग परिवार के सारे लोग करते हैं। अन्न भी हम केवल अपने लिए नहीं ग्रहण करते। परमात्मा की परम कृपा से प्राप्त मानव शरीर का संरक्षण हो और वह परमात्मा के ही काम आ सके, इस हेतु हम अन्न-ग्रहण करते हैं। इसमें भावना यह है कि 'मैं केवल मेरा अपना ही नहीं, अपितु दूसरों का भी विचार करूँगा।' यह विचार हमारे रोम-रोम में समा गया तो हम कह सकेंगे कि हमारा जीवन धर्माधिष्ठित है। इसी में से त्याग-भावना उत्पन्न होती है और उस त्याग-भावना के बल पर जीवन की सभी समस्याओं का समाधान भी होता है।"

विश्वकल्याण का मार्ग–

"इस प्रकार पाश्चात्य राष्ट्रवाद का उदय मानव के पारस्परिक समन्वय से नहीं, प्रत्युत् संघर्ष से हुआ है। उसने घृणा, विद्वेष एवं विनाश को ही जन्म दिया है। किंतु भारत के राष्ट्रवाद का मूल्यांकन इसी आधार पर करना गलत होगा। भारत में राष्ट्रभावना का उदय स्वार्थ के लिए नहीं हुआ। भारतीय राष्ट्रवाद का विचार केवल सौ-दो सौ वर्ष पुराना नहीं है। वह हज़ारों वर्षों से चला आ रहा है। उसका आधार आपसी संघर्ष नहीं, समंवय है; परस्पर अनुकूल है। पाश्चात्यों की भाँति भारत में राष्ट्रीयता एक विशाल 'प्राइवेट लिमिटेड कम्पनी' नहीं है जिसमें प्रत्येक नागरिक एक 'शेयरहोल्डर' (अंशदाता) के नाते अपने स्वार्थ के लिए ही कम्पनी से चिपका होता है। स्वार्थ के लिए तो डकैत भी एकत्रित होकर एक-दूसरे से 'ईमानदारी' का व्यवहार करने लग जाते हैं। गिरहकट भी एकत्रित होकर आपस में आचरण के कुछ नियमों का पालन करते हैं। स्वार्थ के लिए विशिष्ट नियमों का पालन करते हुए निर्मित होने वाली ऐसी संस्थाओं एवं संगठनों की प्रेरणा ही अपने में भिन्न होती है। भारतवर्ष में ऐसा कभी नहीं हुआ। यहाँ तो मानव-कल्याण का एक व्यापक एवं उदार जीवनदर्शन साकार हुआ है। जीवन के इस समग्र

चिंतन के कारण सबने सामूहिक जीवन को समान रूप में अनुभव किया। इसी आधार पर भारत में राष्ट्रजीवन का विकास हुआ। मानव जीवन के श्रेष्ठ सद्‌गुणों की आराधना करने का भाव कण-कण में झंकृत हो उठा। भारत के अंतरतम से शब्द निनादित हुए कि सृष्टि की प्रत्येक घटना में संघर्ष नहीं, परस्पर पूरकता है। एक ही तत्त्व विविध रूपों में प्रकट हुआ है। इसलिए इन सारी विविधताओं में भी एक ही आत्मतत्त्व को देखने वाला श्रेष्ठ है, वही आर्य है, मानव कहलाने के लिए पात्र है। ऐसे उन्नत व्यक्तियों के निर्माण में सहायक होने वाली व्यवस्था एवं नियम ही धर्म है। भारत में स्वार्थ को नहीं, समर्पण को मान्यता एवं प्रतिष्ठा मिली है। प्रतिक्रियात्मक विचारों के बजाए भावात्मक एवं रचनात्मक विचार ही यहाँ हुआ है। परस्पर विरोध के बजाए परस्पर पूरकता का मंत्र ही यहाँ गूँजा है। क्षमा, दया, अहिंसा, अस्तेय तथा ब्रह्मचर्य की महिमा यहाँ गायी गई है। विभिन्न धारणाओं को मानव-विकास की सीढ़ियाँ मानकर यहाँ एक सूत्र में गूँथा गया है। नाना सम्प्रदायों का यहाँ समादर हुआ है। एक ही सत्य के रूपों, उनके विभिन्न नामों एवं अंतिम एकमात्र सत्य तक पहुँचने की विभिन्न पद्धतियों को यहाँ स्वस्थ विकास के लिए न केवल अपरिहार्य, अपितु आवश्यक भी माना गया है। इसलिए केवल सहिष्णुता का ही नहीं, अपितु एकात्मकता की आराधना का बोध यहाँ जागा। भारत का यह राष्ट्रवाद प्राणिमात्र के बारे में कल्याण की भावना लेकर प्रकट हुआ है।

इसलिए पश्चिमी राष्ट्रवाद की भारत के राष्ट्रवाद के साथ तुलना करना ही अनुचित है। पश्चिम ने द्वैत के आधार पर संघर्ष के ढोल पीटे हैं तो भारत ने अद्वैत के आधार पर एकात्मता की मुरली बजायी है। हैं तो दोनों वाद्य ही, किंतु दोनों की स्वरतरंगों में बहुत अंतर है। हमें इस अंतर को ध्यान में लेकर ही अपने राष्ट्रसंगठन का विचार करना चाहिए। यूरोप के देशों में राष्ट्रवाद के कारण विनाश हो गया, इसलिए भारत के राष्ट्रवाद को भी विनाशकारी बता देना दूध के जले द्वारा छाछ भी फूँककर पीने के समान है। जिन राष्ट्रों ने मानवता के लिए संकट उत्पन्न किए, अहित का काम किया, उनकी भाँति परिणाम हमारी राष्ट्रीयता के भी निकलेंगे, यह निष्कर्ष गलत है। यह केवल नारा लगाने की बात नहीं। भारत की राष्ट्रीयता का हज़ारों वर्षों का इतिहास इसी सत्य को प्रकट करता है। विश्व के इन देशों ने विगत हज़ार-पाँच सौ वर्षों में जहाँ भीषण विनाश के ही दृश्य उपस्थित किए, वहाँ अपने प्रदीर्घ इतिहास में

मानव-समाज को पीड़ा देने वाला पाप भारत द्वारा किए जाने की एक भी घटना किसी पृष्ठ में नहीं मिलेगी। भारत का जो भी इतिहास है, वह संपूर्ण विश्व का मंगल करने की कामना का ही रहा है। विश्व के विभिन्न राष्ट्रों में उपलब्ध भारतीय इतिहास के अवशेष आज भी यही कह रहे हैं कि भारत ने प्राणिमात्र के कल्याण के लिए ही प्रयास किए हैं। इसलिए परस्पर संघर्ष, विद्वेष तथा विरोधात्मकता से विश्व को बचाना हो तो भारत के स्वस्थ राष्ट्रवाद को ही संगठित एवं सक्षम बनाकर करना होगा, यही सत्य है और विश्वकल्याण का मार्ग भी।"

देशहित के लिए विदेश नीति–

"एक बात सदैव ध्यान में रखनी चाहिए कि विदेशनीति भी अंततः एक नीति ही होती है। वह कोई सिद्धांत नहीं होता। राष्ट्र के हितों की रक्षा तथा पोषण के निष्कर्षों पर ही इस नीति का निर्धारण नहीं होता। राष्ट्र के हितों की रक्षा तथा पोषण के निष्कर्षों पर ही इस नीति का निर्धारण करना चाहिए।"

विदेशनीति और रक्षा के बारे में उनके विचार शत-प्रतिशत राष्ट्रहित पर आधारित थे। इस सदी में सावरकर, सुभाषचंद्र तथा डॉ. मुंजे आदि राजनीतिक नेताओं के साथ ही उनके विचारों ने भी मार्गक्रमण किया था। दीनदयाल जी ने इन्हीं विचारों को विदेश-राजनीति और प्रतिरक्षा-कार्य में हथियार बनाया। 'शस्त्रेण रक्षिते राष्ट्रे शास्त्रचर्चा प्रवर्तते' वाली उक्ति उन्हें पूर्णतः अनुकरणीय लगी। विदेश-नीति पंडित नेहरू का विशेष विषय था। स्वतंत्रता प्राप्ति से पूर्व काँग्रेस-अधिवेशनों में विदेशनीति के बारे में रखे जाने वाले प्रस्ताव उन्हीं के द्वारा तैयार किए होते थे। स्पेन में हुए राजनीतिक विद्रोह से लेकर चेकोस्लोवाकिया पर हिटलर द्वारा किए गए आक्रमण तक और दक्षिण अफ्रीका की सरकार से लेकर जापान के जनरल टोजो की आक्रामक गतिविधियों तक सभी विषयों पर किया जाने वाला भाष्य पं. नेहरू का ही होता था। इसलिए स्वतंत्र भारत की विदेश-नीति के निर्धारण में वे ही सर्वेसर्वा बन गए। इसमें विशेष बात कुछ नहीं थी। बात केवल इतनी ही थी कि हमारी विदेश नीति निर्धारित करते समय उन्होंने अपने स्थान का उपयोग देश के हित के लिए नहीं किया। गांधी जी ने जिस प्रकार स्वराज्य का घोड़ा 'खिलाफत' की गाड़ी में जोत दिया, वैसे ही पं. नेहरू ने स्वतंत्र

भारत के घोड़े को चीन के आक्रमण से जोत दिया। तिब्बत पर चीन द्वारा किए गए आक्रमण को नेहरू ने नि:संकोच स्वीकार कर लिया तथा यह घोषणा भी कर दी कि तिब्बत चीन का ही भाग है। विदेश नीति के प्रसंग में अधिकांश दल उन्हीं की हाँ में हाँ मिलाते थे। कम्युनिस्टों ने बिल्कुल प्रारंभ में उन्हें 'रनिंग डॉग ऑफ इम्पीरियलिज्म' का विशेषण दिया था, किंतु कुछ ही समय बाद पं. नेहरू कम्युनिस्ट चीन के प्रशंसक बन गए और कम्युनिस्टों ने भी फिर नेहरू जी को 'विश्वशांति का अग्रदूत' बना दिया।

ऐसे समय में किसी भी सैद्धांतिक बहाव में न बहते हुए जनसंघ ने नेहरू जी की तिब्बत विषयक नीति एवं चीन की आक्रामक मुद्रा की प्रखर आलोचना प्रारंभ कर दी। अपनी विदेश नीति का दिग्दर्शन कराते हुए कानपुर के 1952 के अधिवेशन में उन्होंने कहा—"हमारी विदेश नीति का सूत्र होना चाहिए बिना किसी सत्तागुट में उलझे अधिकाधिक मित्र जोड़ना। विश्व में शांति रही तो हमें भी अपने आर्थिक विकास की ओर ध्यान देने के लिए पर्याप्त शांति मिलेगी। भारत स्वभावत: एकाधिकारवाद का विरोधी रहा है। इसलिए भारत को चाहिए कि विश्व में लोकतंत्र और स्वतंत्रता का विकास होने का ही पक्षधर बने। उपनिवेशवाद से मुक्त होने वाले देशों के प्रति भारत को स्वाभाविक सहानुभूति दिखानी चाहिए।" इसके बाद इस नीति को अधिक स्पष्ट करते हुए उस अधिवेशन के प्रस्ताव में उन्होंने कहा—"भारत को शांति के लिए प्रयास तो करना ही चाहिए। लेकिन शांतिप्रेम के निमित्त ऐसा कुछ नहीं करना चाहिए जिससे देश की अवहेलना हो और उसे हानि उठानी पड़े।"

जनतंत्र की सबसे बड़ी आवश्यकता—

"जनतंत्र में सबसे बड़ी आवश्यकता होती है सत्ता के प्रति अनासक्ति की। लोकतंत्र में राजनेताओं से आशा की जाती है कि वे प्रभु रामचंद्र की भाँति सत्ता का स्वीकार तथा त्याग करने के लिए सहजता से तैयार रहें, चाहे ऐसे सत्ता-त्याग से उनकी अपनी कितनी ही निजी हानि क्यों न होती हो। एक खिलाड़ी की भाँति यश प्राप्त करने की पराकाष्ठा करते हुए उन्हें पराजय के लिए भी तैयार रहना चाहिए। अपनी हार को खेल भावना से स्वीकार करते हुए अपने विरोधी का हार्दिक अभिनंदन न कर पाने वाला वास्तव में लोकतंत्रवादी नहीं हो सकता। इस प्रकार की खेल

भावना होने के कारण ही चर्चिल सहजता से एटली को सत्ता सौंप सकता है और उतनी ही सहजता से एटली भी ईडन को।

किंतु हमारे देश में क्या अनुभव करने को मिलता है? जनता के निर्णय के कारण किसी अन्य दल को सत्ता सौंपने की नौबत काँग्रेस के सामने केंद्र में तो अब तक आई नहीं है। किंतु कुछ प्रांतों में काँग्रेस सरकारों का पतन हो गया है और कुछ प्रतिष्ठा के उपचुनावों में काँग्रेस की हार हुई है। इन घटनाओं का कांग्रेसियों तथा पं. नेहरू पर अच्छा प्रभाव नहीं हुआ है। उन्होंने इस पराजय को खेल भावना से स्वीकार नहीं किया है। उनकी प्रतिक्रिया से यह बात स्पष्ट है। नयी दिल्ली लोकसभा-निर्वाचन-क्षेत्र और दिल्ली के ही कमला नगर निगम-निर्वाचन-क्षेत्र में हुए उपचुनावों में हारने के बाद, उनका आचरण कितना लोकतंत्रविरोधी प्रवृत्ति से भरा है, स्पष्ट दिखाई दिया। उस पराजय ने तो उनका संतुलन ही बिगाड़ दिया। किसी-न-किसी रूप में जनसंघ पर प्रतिबंध लगाने की (हार का बदला लेने के लिए) उनके द्वारा चलायी गयी बात इसका प्रमाण है कि उनकी लोकतंत्र तथा नागरिकों के मौलिक अधिकारों के प्रति निष्ठा कितनी अवास्तविक और केवल दिखाने मात्र के लिए है। यद्यपि सच्ची बात यह है कि ऐसे प्रतिबंध के कारण काँग्रेस की अवस्था और भी शोचनीय हो जाएगी, अत: ऐसा प्रतिबंध लगाए जाने की कोई संभावना नहीं है। किंतु प्रतिबंध लगाने का विचार उनके मन में आना ही इसका साक्षी है कि जनतंत्र उनके लिए एक पाखंड मात्र है।

जनता का बहुमत प्राप्त रहने तक तो कोई भी अपने आपको बड़ा लोकतंत्रवादी बताता फिर सकता है। किंतु उसे सच्चा लोकतंत्रवादी तभी माना जा सकता है जब बहुमत द्वारा हरा दिए जाने के बाद भी वह जनता के निर्णय को सिर-आँखों पर मानकर शांत चित्त से सत्ता का त्याग कर अलग हो जाता है। कांग्रेसवाला सच्चा कांग्रेसी होता तो है, किंतु कब तक? तभी तक जब तक कि उसे काँग्रेस का टिकट मिलता है अथवा सत्ता के विशाल चारागाह में चरने को मिलता है। ये लाभ देने से इंकार किए जाते ही उसकी काँग्रेस निष्ठा पतली हो जाती है। जब जनता का निर्णय उसके (काँग्रेस के) पक्ष में होता है, तब तक तो ये लोग उस निर्णय का आदर करते हैं; किंतु वह निर्णय उनके विरोध में जाते ही येन-केन-प्रकारेण, कुछ भी दंदफंद करते हुए ये जनता को ही अपने सामने झुकने को विवश करते हैं। काँग्रेस वास्तव में जनता की

सरकार चाहती ही नहीं। वह तो ऐसे लोग चाहती है जो हर बार 'ईमानदारी से' काँग्रेस को ही 'वोट' देंगे।

ऐसी स्थिति में काँग्रेस की आज की सत्ता पिपासा को देखते हुए कहना पड़ेगा कि लोकतंत्र को इनसे ही बड़ा खतरा है। शायद ही इसमें किसी का अपवाद हो। जवाहरलाल नेहरू को पिछले कई वर्ष से लोकतंत्रवादी होने की ख्याति प्राप्त है। किंतु उनकी प्रवृत्ति से भी जनतंत्र के लिए खतरा है। नेहरू जी की विचारशैली और समय-समय पर उनके द्वारा किए गए मत प्रदर्शन के कारण ही काँग्रेस लोकतंत्र विरोधी मार्ग पर चल पड़ी है, इस बात को ध्यान में लेना चाहिए। सभी लोकतंत्रवादी लोगों तथा लोकतंत्र में आस्था रखने वालों के लिए गंभीरता से विचार करने का समय आ गया है। हमारे देश में कोई कास्त्रो उत्पन्न हो उससे पहले ही हमें दृढ़ तथा प्रभावी पग उठाने होंगे।"

दल मात्र एक टोली नहीं–

"अच्छे दल की परिभाषा क्या होती है? दल का अर्थ केवल सत्ता प्राप्त करने के लिए एकत्रित टोली नहीं होता। वह तो विशिष्ट उद्देश्य के लिए स्थापित एक संस्था होती है। राजनीति सत्ता अपने में कोई लक्ष्य नहीं होती, वह तो ऐसे दल के हाथ में उद्देश्यपूर्ति के लिए आया मात्र एक साधन होती है। दल के सभी स्तरों के कार्यकर्ताओं में इस उद्देश्य के प्रति अनन्य भक्ति का होना नितांत आवश्यक है। ऐसी भक्ति या श्रद्धा से ही अपने आपको समर्पित करने तथा अनुशासन में चलने की प्रेरणा प्राप्त होती है, लगन उत्पन्न होती है। अनुशासन का अर्थ 'यह करो, वह मत करो' नहीं है। वह तो व्यावहारिक आदेशों में आता है। अनुशासन का बाह्य बंधन जितना कठोर, उतना ही दल का आंतरिक सामर्थ्य क्षीण रहता है। किसी समाज के लिए जैसा धर्म, वैसा ही दल के लिए अनुशासन होता है।" इस विवेचन में दीनदयाल जी ने बार-बार दल के उद्देश्य या ध्येय अथवा सिद्धांत का उल्लेख किया है। इसी उद्देश्य का वर्णन क्योंकि चुनाव घोषणापत्र में किया होता है, उनका आग्रह था कि वह घोषणापत्र कार्यकर्ता की आँखों के सामने सदा ही रहना चाहिए ताकि वह उसका चिंतन एवं मनन कर सके।

यह कहना एक 'फैशन' सा हो गया है कि घोषणापत्र तो सभी

दलो के अच्छे ही होते हैं और कई बार तो एक से भी। किंतु ऐसा कहना वास्तविकता से परे है। होता यह है कि दल के कार्यकर्ताओं को ही नहीं लगता कि दल के सिद्धांतों की भाँति हमारा घोषणापत्र भी विशिष्ट है। आज तो यही प्रथा रूढ़ सी हो चली है कि चुनाव-प्रचार के भाषण अपना पक्ष ठीक से समझाने की अपेक्षा प्रतिपक्ष की कसकर आलोचना करने के लिए ही होते हैं। ऐसे भाषणों का अधिकांश भाग, इसलिए ऐसी आलोचना में ही नष्ट हो जाता है। दीनदयाल जी अनेक प्रचारसभाओं में अपना घोषणापत्र समझाकर बताया करते थे। उनकी धारणा थी कि कल सत्ता में आने पर हमारा दल क्या-क्या करने वाला है, जनता को भली-भाँति ज्ञान होना चाहिए। काँग्रेस ने अपने घोषणापत्र के अनुसार अनेक विधान बताए, किंतु कई बार देखा यह जाता था कि ये विधान कागज पर ही धरे रह जाते हैं, क्योंकि वैचारिक दृष्टि से कार्यकर्ता घोषणापत्र को व्यवहार में लाने के लिए कृतसंकल्प होते ही नहीं थे। कल का समाजवादी आज काँग्रेस में आता है या मुस्लिम लीग के पूर्व सदस्य आज कांग्रेसी हो गए तो उन्हें काँग्रेस की रीति-नीतियों से क्या लेना-देना हो सकता है? वे तो काँग्रेस में इसलिए आए कि सत्ता के लिए प्रतिबद्ध थे। लेकिन पंडित दीनदयाल जी को तो दल के कार्यकर्ताओं एवं रीतिनीतियों के माध्यम से देश में मन्वंतर लाना था। इसलिए कार्यकर्ताओं के विचार सुनिश्चित एवं पक्के बनाने पर वे बल दिया करते थे। जनसंघ के घोषणापत्र में समान नागरिक-संहिता बनाने की दुहाई दी गई थी। दीनदयाल जी चाहते थे कि देश के नागारिकों में सम्प्रदाय के आधार पर कोई भेदभाव न किया जाए। काँग्रेस भी 'धर्मनिरपेक्षता' का दावा करती थी। किंतु दोनों में बड़ा अंतर यही था कि काँग्रेस की सारी राजनीति ने केवल साम्प्रदायिक, बल्कि जाति तथा प्रांतभेदों पर भी आधारित थी। जनसंघ की बात उसके ठीक विपरीत थी। समान नागरिक संहिता की दुहाई इस बात का प्रमाण थी कि देश के नागरिकों को कम-से-कम विधान के सामने तो हम समान मानते हैं। ऐसी संहिता किसी के धर्म में हस्तक्षेप भी नहीं थी। मजहब या सम्प्रदाय (रिलीज़न) व्यक्ति के आचरण तक ही सीमित रहे और वह इतना अवश्य बताए कि कौन किस उपासना-पद्धति को स्वीकार करे, कितने व्रत रखे या कितनी बार

नमाज अदा करें। किंतु समाज-जीवन को प्रभावित करने वाले सबके आचरण पर समान विधि (कानून) का समान बंधन रहना आवश्यक है, फिर वह आचरण चाहे बहुपत्नीत्व, विवाह-विच्छेद या प्रजोत्पत्ति से संबंधित ही क्यों न हो। दूसरे-देश, राष्ट्र तथा भूमि का विधान (ला ऑफ द लैंड) ही सबको एक सूत्र में बाँधकर रख सकता है। यह सूत्र एक ही और यहीं का होना चाहिए। वह मक्का-मदीना या रोम का नहीं चलेगा। घोषणापत्र की किसी बात का इतना गहन आयाम होता है। उसको ध्यान में लेकर घोषणापत्र का अध्ययन, मनन और चिंतन करने पर ही आज के कार्यकर्ता या कल के शासक दल की नीतिरीतियों पर आचरण करने-कराने वाले तैयार होंगे और तभी इस देश में स्थित्यंतर आना प्रारंभ होगा। दीनदयाल जी इसी विचार से दल का संगठन और संरचना कर रहे थे। यही कारण था कि घोषणापत्र की गोहत्याबंदी, अखंड भारत, एकात्म शासन प्रणाली, खेती के लिए सेवा-सहकारी संस्था (सहकारी खेती नहीं), नागरिकों को हथियार रखने का मौलिक अधिकार आदि विशेषताओं को वे बहुत महत्त्व देते थे। घोषणापत्र में यह आश्वासन दिया गया था कि अमेरिकी गेहूँ का आयात बंद कर ब्रह्मदेश तथा अन्य दक्षिणपूर्व एशियाई देशों से चावल लाने का अनुबंध किया जाएगा। इससे इस बात का संकेत मिलता है कि जनसंघ की विदेशनीति क्या होगी। घोषणापत्र में उल्लेखित उपर्युक्त बातों को हम प्रत्यक्ष में उतारेंगे और उस काम के लिए हमें सत्ता चाहिए। 'सत्ता किसलिए' प्रश्न का यह स्पष्ट उत्तर कार्यकर्ता को जब वह पहली सीढ़ी पर खड़ा हो, तभी मिल जाता था और सत्ता से प्राप्त होने वाले लाभों से उसका मन प्रारंभ से ही अलिप्त रहता था। देश की हज़ार वर्ष की दासता, परावलंबन, दरिद्रता, अवमान, विघटन और सामाजिक अन्याय का सारा इतिहास ही बदलने के लिए उद्यत नेता को कितनी वैचारिक तथा व्यावहारिक तैयारियाँ करनी पड़ती हैं, इसका प्रात्यक्षिक था दीनदयाल जी द्वारा विचारपूर्वक चलाया गया दल का कार्य। इस अर्थ में उनका दलगत कार्य राष्ट्रकार्य ही था। उनकी राजनीति सभी अर्थों में राष्ट्रनीति थी। चुनाव में जनसंघ सदैव अधिकतम स्थानों पर प्रत्याशी खड़े करता था। फलत: प्रारंभ में सब से अधिक जमानतें जब्त कराने वाला दल कहकर उसकी खिल्ली उड़ाई जाती थी। इस पर भी दीनदयाल जी अधिकतम स्थान लड़वाने के प्रति

बहुत दक्ष रहते थे। उनका कहना था कि इस बहाने दल की रीतिनीतियों को लोगों में प्रचारित करने का अवसर कार्यकर्ताओं को मिलता है। एक विचार को जब दोहराया जाता है तो कम से कम कहने वाले के मन में तो वह पक्का हो ही जाता है। अधिकतम स्थान क्यों लड़वाने चाहिए, इसका विवेचन करते हुए दीनदयाल जी ने कहा था–"चुनाव में स्थानों एवं मतों–दोनों का महत्त्व होता है। इसलिए अधिकतम स्थानों पर लड़ने का विचार मेरी दृष्टि से उचित ही है। चुनाव में हारने पर भी प्राप्त मतों का आगामी चुनाव की दृष्टि से पर्याप्त उपयोग रहता है। साथ ही, मतदाताओं पर अपनी इच्छा के विरुद्ध अन्य प्रत्याशियों को मत देने के लिए प्रवृत्त होने की बाध्यता नहीं आती। अत: कुछ स्थान छोड़ने की सोचना गलत है। हमारे कार्य-क्षेत्र के समूचे भाग में हमारा काम होना चाहिए। वैसा न करना ही हानिकारक है।

कोई भी दल राष्ट्रीय महत्त्व के प्रश्नों को लेकर आंदोलन करने से दूर रह ही नहीं सकता। किंतु मेरे विचार में स्थानीय प्रश्नों पर अधिक ध्यान और बल देने की आवश्यकता है। फिर भी दुर्भाग्य की बात यह है कि राष्ट्रीय प्रश्न को लेकर प्रारंभ होने वाला प्रत्येक आंदोलन सरकार और जनता के बीच प्रत्यक्ष संघर्ष में बदल जाता है। जनता के मत और भावना को ध्यान में लेकर तदनुसार व्यवहार करने के स्थान पर शासन आंदोलन और जनता का दमन करने का प्रयास करता है। सरकार सोचती है कि आंदोलन को कुचल देने में ही उसकी प्रतिष्ठा है। परिणामत: सरकार के विरुद्ध जनाक्रोश बढ़ता है। सरकार के विरुद्ध उत्पन्न इस असंतोष का शायद विरोधी दलों को तात्कालिक लाभ मिलता है, किंतु देश के राजनीतिक जीवन पर उसका घातक एवं विपरीत प्रभाव होता है। सरकार जनता की शिकायतों को अनदेखा करती है, तो स्वाभाविक रीति से लोग अनुत्तरदायी व्यवहार अपनाने लगते हैं। फिर कुछ ऐसे दल भी हैं, जो केवल अपना स्वार्थ सिद्ध करने के लिए किसी-न-किसी बहाने सदैव सत्याग्रह जैसे आंदोलन छेड़ते रहते हैं। उनके कारण लोग और भी अनुत्तरदायी बन जाते हैं और फिर शासन भी अधिकाधिक अविवेकी व्यवहार करने पर उतर जाता है।" इस संदर्भ में उन्होंने उस समय चल रहे संयुक्त महाराष्ट्र आंदोलन एवं सरकार की उसके बारे में नीति का उल्लेख किया है। उन्होंने कहा–"मुम्बई प्रांत का विभाजन करने के प्रश्न पर संसद में गृहमंत्री पं. पंत द्वारा दिया गया वक्तव्य बताता है कि उनकी

बुद्धि किस दिशा में काम करती है। लगता है, जनता की भावनाओं को ठुकराने का उन्होंने निश्चय ही कर लिया है। जनता के विरोध को कुचल डालने की मानो उन्होंने प्रतिज्ञा कर ली है। इस प्रकार जनता और सरकार के बीच मानो संघर्ष छिड़ गया है। जनता के विरोध को दबा लेने के लिए सरकार जब हिंसा का दमनचक्र बनाती है, तो जनता भी फिर हिंसाचार करने पर उतारू हो जाती है।"

दीनदयाल जी का मूल्यांकन–

तो दीनदयाल जी के कार्य का मूल्यमापन कैसे किया जाए? पहली बात यह कि प्रकृति से वे राजनीतिज्ञ नहीं थे। वे तो बिगड़ती भारतीय व्यवस्था को सुधारने के लिए राजनीति में आए। चंद्रगुप्त के राज्य का निर्माण करने के लिए आर्य चाणक्य राजनीति में उतरे। मूलत: आध्यात्मिक प्रकृति के शिवाजी महाराज हिन्दुओं की 'त्राहि-त्राहि' सुनकर राजनीति के झमेले में पधारे। गणितज्ञ तिलक स्वराज्य के लिए राजनीति में भाग लेने निकले। ठीक उसी प्रकार हिन्दुओं के सांस्कृतिक पुनरुत्थान के लिए समर्पित संघकार्य की दीक्षाप्राप्त दीनदयाल जी काँग्रेस की राजनीति से देश को उजड़ता न देख सकने के कारण राजनीति में आए। चंद्रगुप्त को राज्य सौंपकर चाणक्य वन में वापस चले गए। स्वराज्य की स्थापना कर दक्षिण दिग्विजय को निकले शिवाजी महाराज मल्लिकार्जुन पहुँचे, तो उपरति के आवेश में अपना शिरकमल काटकर शिव-चरणों में समर्पित करने के लिए तलवार तान कर बैठ गए थे। राजनीति का कार्य करते-करते माण्डले की कारा में लोकमान्य तिलक से ग्रंथरचना हुई–'गीतारहस्य' की। दीनदयाल जी भी राजनीति में रहकर भी अनासक्त थे। लोगों के अत्यंत आग्रह के कारण ही वे अनिच्छया चुनाव के लिए खड़े हुए। किंतु चुनावप्रचार-सभाओं में अपनी प्रशंसा में एक शब्द भी उन्होंने मुँह से नहीं निकाला। एक सहयोगी कार्यकर्ता ने जब इस बात पर अप्रसन्नता प्रकट की, तो दीनदयाल जी ने उससे कहा–"अपनी प्रशंसा करना मुझसे कदापि नहीं हो पाएगा। उसके लिए मैं सर्वथा असमर्थ हूँ। हाँ, मेरे स्थान पर तुम प्रत्याशी होते, तो मैं अपने प्रत्याशी की प्रशंसा अवश्य करता।"

❑❑❑